学級経営サポートBOOKS

「むずかしい学級」対応マップ

山田洋一 著

明治図書

はじめに

　ある年，むずかしい子どもの担任をしました。

　髪の毛はかなり明るく色がついていましたし，ピアスも数個，耳を飾っていました。

　あわせて，保護者もかなりむずかしい方でした。少しでも子どもを指導すれば，すぐに放課後学校に怒鳴り込んでくるという状態でした。

　全体にルールの確立がうまくされていない学級でしたが，その子と，その子の親しい友人は特にひどい状況でした。

　例えば，朝の読書時間に，教室にいたことはなく，お手洗いで鏡を見ながら，髪の毛に櫛を通したり，化粧をしたりしていました。

　他の子どもたちは，朝の読書時間に何とか座ってはいましたが，注意をすると，「先生，あいつらはいいの？」と，件の2人のことを引き合いに出してきました。

　私は，非常に不安でした。その子たち2人の言動を起点にして，綱渡り的な学級経営が，更に大きく乱れてしまうのではないか，と。

　さて，そのピアスをつけた子は，実は，漢字がほとんど読めないということが，すぐにわかりました。

　私は，そのことがわかったときに，「ひょっとすると，この子は本を読まないのではなくて，読めないんじゃないのかな」と思ったのでした。

　そこで，漢字がいっぱいある大人の本を用意しました。その本は，その子の好きなバスケット選手の本でした。漢字の少ない本では，本人が傷つくと考えたのです。

　それで，「そういえばさ，バスケがすごい好きだったよね。この本，朝読書の時間に読んでみない？　まあ，読んで面白くなかったら，返してもらってもいいからさ」と声をかけてみました。

その子は，本を見て，一瞬ためらいましたが「うん」と答えました。

　翌日，私が担任をしてから，はじめてその子は，朝読書の時間に教室にいて，座っていました。私は，その本にちょっとした細工をしておきました。全ページにルビをふっておいたのです。

　その子は，座ると同時に，もったりとした手つきで本を開きました。内心，「どうせ，漢字があるから読めないし」と，思っていたのかもしれません。

　しかし，数ページめくると，ふられたルビを見て，顔を上げ，私の顔を見ました。そして，本を閉じて，目をつぶってしまったのです。

　朝読書の時間が終わると，その子は本を返しに来ました。

　私は，「ああ，ダメだったか」と思いました。

　しかし，次の日，その子は私のところに来て，「本」と言うのです。

　私は，戸惑いながら本を差し出しました。

　その子は，本を受け取り，自分の席に着き，本を机上に置くのですが，開きません。そして，やはり目をつぶって静かに，10分間を過ごすのでした。翌日も，まったく同じことが繰り返され，とうとう，そのことは最後の日まで続いたのです。

　これは，あの子と私の物語のほんの一部です。

　この本には，むずかしい学級で，効果的に指導を行うことへのヒントが，多く書かれています。しかし，それらは万能ではありません。

　どの教室でも，どの教師にも当てはまるヒントなど，本当は存在しません。一番大切なことは，むずかしい学級の担任として，あなたがクラスの子たち一人ひとりと，一つでも多くの物語を紡ぐということです。

　この本が，そのためのお役に立てると，私は確信しています。

筆者記す

はじめに 2

第1章 「むずかしい学級」，担任のマインドセット

1 「むずかしい学級」の担任マインドをつくる 10
　① 「むずかしい学級」の担任マインドとは 12
　② 意味思考① 「今年」の意味を考える 13
　③ 意味思考② すべてが完璧である必要はない 14
　④ 意味思考③ 「何とかなるだろう」感覚をもつ 16
　⑤ 意味思考④ 成長の機会を与えられた 17
　⑥ 他者理解① 頭一つ抜け出す 18
　⑦ 他者理解② 人生の宿題からは逃げられない 20
　⑧ 他者理解③ あたたかい考え方が，あたたかく響く 22
　⑨ 他者理解④ 自分理解も大切にする 24
　⑩ 無力感の受容① 周囲の助けを借りる 26
　⑪ 無力感の受容② とにかく乗り切れば，ハナマルだ 28
　⑫ 無力感の受容③ 不安は口にしていい 29
　⑬ 無力感の受容④ 避けられないことがある 30
　⑭ 無力感の受容⑤ 道を開こうとすることはできる 31
　⑮ 無力感の受容⑥ 孤独にならない 32
　⑯ 無力感の受容⑦ 正解はなく，物語がある 34

2 「観」を見直してみる 36
　① 指導観を磨く① 「ラーメン屋＝教師」モデル 38
　② 指導観を磨く② 粘り強くがんばらない 40

③ 指導観を磨く③　少しだけ信念を曲げる　42
④ 指導観を磨く④　コントロールしようと思えば思うほど
　　　　　　　　　うまくいかない　44
⑤ 指導観を磨く⑤　指導には「あそび」をつくる　46
⑥ 指導観を磨く⑥　障害はカリキュラムの方にある　48
⑦ 指導観を磨く⑦　子どもは変えられない，環境は変えられる　50
⑧ 学級経営観を磨く①　学級経営のフェーズは変わった　52
⑨ 学級経営観を磨く②　学級＝公園モデルで考える　54
⑩ 学級経営観を磨く③　教師と子どもはわかりあえない　56

COLUMN 1　58

第2章　「むずかしい学級」，出会いのアプローチ

1　出会い前夜のアクションガイド　60
　① 告げられた次の日から関わる　62
　② 「指導」せずに，解きほぐす　64
　③ 引継ぎ情報をもとに備える　66
　④ 引継ぎ情報を初期システムに生かす　68

2　出会いのアクションガイド　70
　① 初期の学級アセスメント45のポイント　72
　② 嫌われてはいけない　76
　③ リレーションとルールを，一本化する　78
　④ 三領域の指導の違いに留意する　80
　⑤ 保護者対応は，先手を打つ　82
　⑥ 学級生活の意味を話す　84

- ⑦ 一人ひとりとつながる時間を確保する　86
- ⑧ 接触＆声掛けをする　88
- ⑨ 雑談から始める　90
- ⑩ 全員の声を聴く　92

COLUMN 2　96

第 3 章　学びやすく過ごしやすい教室づくりへのアプローチ

1　学びやすい教室づくりのアクションガイド　98
- ① 学ぶゴールを明確にする　100
- ② ゴールの設定は登山と似ている　102
- ③ プロアクティブに支援を用意する　104
- ④ ゴールとその手順を具体的に示す　106
- ⑤ 多様な学び方を奨める　108
- ⑥ 学力差に対応する　110
- ⑦ 多様な学び方を学ぶ機会を設ける　114
- ⑧ 協働と仲間集団を育む　116

2　過ごしやすい教室づくりのアクションガイド　118
- ① まずは，「安全と安定」を感じてもらう　120
- ② 「安全と安定」を生む学級目標づくり　122
- ③ 「規範遵守目標」を提示するときには注意する　124
- ④ 規律遵守学級をつくる教師の在り方とは？　126
- ⑤ 心理的安全をリードする　128
- ⑥ 再び，愛のある言葉かけ　130
- ⑦ いじめが起きにくい学級をつくる　135

⑧　行事指導は隅へと視線を注ぐ　137

⑨　保護者対応には２つのポイントがある　139

おわりに　141

第1章
「むずかしい学級」,担任のマインドセット

1 「むずかしい学級」の担任マインドをつくる

　勤務校に,「あのクラスだけは,担任したくないなあ」と思う学級はありますか。誰も聞いていません,正直に答えてみてください。きっとあるに違いありません。

　そうした担任したくないとあなたが感じている,そのクラス。あなたは,そのクラスの担任をもつようにと,校長から告げられます。

　前向きになれるはずがありません。しかし,逃げるわけにもいきません。この葛藤の中,あなたにとって最重要となることは,「むずかしい学級」の担任マインドをつくるということだと,私は考えています。

　あなたは,言うでしょう。

　「マインドなんていう役に立つか立たないか,よくわからないものではなく,教育の方法こそが最重要でしょう?」と。

　この気持ちが,私にはよくわかります。

第1章　「むずかしい学級」，担任のマインドセット

　なかなか学習内容が定着しない子。学校を休みがちな子。自分の思い通りにいかないと，他害行動に走る子。毎日のように学校に怒鳴り込んでくる保護者。

　そうした子どもたちや保護者を目の前にして，年に何度も，場合によっては，毎日「この状況をどうすればいいのだ」と，あなたは立ちすくむでしょう。

　私も，何度もそうなりました。そこで，色々思いを巡らし，人にも尋ね，本も読み，様々な方法を試行するのですが，本質的な解決とまでは言いにくい状況が続きます。

　もちろん，「効果があるとされている方法」を知ることは，無駄にはなりませんでしたし，試しもして少しは学級の状況を改善できました。

　しかし，自分の苦しさは変わりませんでした。いつまでも子どもたちの個別の問題は起きましたし，「よい学級」にすることもできなかったのです。

　しかし，マインドに関することは違いました。「この状況は，こう考えればよい」「この子の行動は，こう解釈すると納得できる」，そうしたマインドに関する私への助言や知見は，私の状況を大きく変えました。

　それまでは，その子の「不適切な行動」を，「困ったこと」ととらえ，病気を治すように何とか治療しなくてはならないということばかりに，目を奪われていました。

　しかし，マインドを変えることで，その子の本質的な願いや苦しみ，またその子の困難さに目を向け，受け入れることができるようになったのです。

　苦しんでいるのは教師である私じゃない，この子の方だ。そう考えることができました。

　そのおかげで，這いまわりながらでも，最後まで担任を続けることができたのです。

11

1 「むずかしい学級」の担任マインドとは

さて,「むずかしい学級」の担任がもち合わせているとよいマインドとは,どんなものでしょうか。私は,以下のように考えています。

- ・意味思考
- ・他者理解
- ・無力感の受容

「意味思考」とは,苦しい状況,相手の理不尽な行動に対しても,「これには何か意味があるに違いない」と考えることです。「むずかしい学級」では,対応困難なことが,多々起こります。そうしたときに,「このことから,学ぶべきことは,何か」「私に,今必要なことなのかもしれない」と考えることが,むずかしさを緩和してくれる「薬」になるということです。

「他者理解」とは,文字通り相手を責めるよりも,理解することを優先するということです。他者に迷惑をかけられたり,子どもが「面倒?」なことを起こしたりすると,つい怒りを感じてしまうものです。それは自然にわき起こってしまうものなので,ひとまず仕方がありません。しかし,そうした感情が目の前の問題を解決することはありません。逆に,「あの子には,そうせざる得ない事情があるのだ。それは何だろう」と考える方が,ずっと解決に近づくことが多いのです。「他者のことを理解する」というと,聖人のような思考だと感じますが,むしろ,それは合理的なことです。

「無力感の受容」とは,「精いっぱい努力しても,自分にはどうしても解決できないこともある」ということを,正しく理解するということです。教師は,子どもに対して,コントロール可能で,教育のためならなんでもしてよいと考えがちですが,そうした万能感をもっている教師の方が,「むずかしい状況」において,挫折してしまうことが多いようです。自分の能力の高低に関わらず,自分ができることには限界があると自覚することが大切です。

第1章 「むずかしい学級」，担任のマインドセット

2 意味思考① 「今年」の意味を考える

　むずかしい学級を担任すると，自分がうまく指導できないことばかりに目がいくものです。

　しかし，ここではあえて「困っていないこと」について考えてみましょう。さて，この「困っていないこと」について，あなたは，なぜ困っていないか考えてみたことはあるでしょうか。

　おそらくないはずです。ふつう人は，困ったときに，はじめて「なぜ，困るのか？」「どうしたら困らないか」と考えるものだからです。

　例えば，「朝の会」の指導，「給食」の指導，「新出漢字」の指導……，どれも簡単なことではありませんが，そのうちのいくつかには，困っていないはずです。しかし，はじめから困っていなかったわけではないでしょう。

　それらにも「はじめ」は困っていて，何かしらの方法でできるようになり，結果として今は困らなくなったに違いありません。

　「仕事って，そういうものでしょう？」と，あなたは言うに違いありません。私も，そう思います。

　さて，あなたがこれから出会う「むずかしい学級」，そして「むずかしい子どもたち」に，もしかすると，今年一年，あなたは何度となく困り，立ちすくむかもしれません。

　しかし，「困る」のは，あなたがそうした学級，そうした子どもたちと今まで出会ってこなかったからではないですか。あなたにとって，この状況が未経験だというだけのことです。

　教師としての資質・能力が，あなたにないからでは，決してないのです。

　そして，今年一年を何とか乗り越えたとき，あなたには，「困ること」が，確実に一つ減るのです。そう，今までがそうであったように。

　今年一年は，あなたにとって困らないことを一つ増やす一年としての意味が，あるのかもしれません。

13

3 意味思考② すべてが完璧である必要はない

　アメリカ心理学会の会長を歴任したセリグマンは，次の５つの要素からなる「ウェルビーイング理論」を提唱しています。

・Positive Emotion（ポジティブな感情）
・Engagement（物事への積極的な関わり）
・Relationships（他者との良好な関係性）
・Meaning（社会や人生においての意義や意味を感じること）
・Achievement（達成感）

　それまでの幸福理論では，主観的な本人の自己報告によって幸せが規定されていました。幸福かどうかは，正に本人が幸せと感じているかどうかということによって，判断されてきたわけです。しかし，このウェルビーイング理論によれば，幸せとは本人の感情だけではなく，客観的に測定される面もまたあるというのです。

　それらを網羅した要素が，上の５つです。この５つの要素すべてが，ウェルビーイングに寄与するとセリグマンは言います。

　例えば，あなた自身が仕事や日常の営みに「ポジティブな感情」を，もてなかったときがあったとします。

　そんなときに，あなたのそばにいる人が「先生，あの大変なクラスを担任してくれて，本当にありがとうございます」と言ってくれているとすれば，あなたの感情とは別に，あなたの仕事は，社会的に，十分な意義や意味があるということです。また，あなたの生き方は，「幸せな生き方」と言えるということです。

　あなたの心は，少し弱ってきているかもしれませんが，あなたの仕事は誰かの役に立つ意義深いものと考えられるわけです。

　ところで，５つの要素すべてが，完璧な状況だということが人生においてあるでしょうか。あなたは，「さすがに，それはない」と思うでしょう。

第1章 「むずかしい学級」，担任のマインドセット

　今年一年，あなたにとって教師という仕事は，決して楽しいものではないかもしれません。

　ましてや，あなたが今年もっているクラスは，「むずかしい学級」なのです。色々なことがあなたの目の前で起きるでしょう。

　そんなときは，三日月を楽しむような気持ちでいられるとよいかもしれません。三日月は，確かに光り輝いている部分が，満月に比べて小さい。だから，ダメなのだと考えるのか，小さくても光り輝いている部分の形を面白いと感じるのか。

　十分でない部分に注目して，それを大きなことだと解釈してはいけません。よいところに注目して，なんとか学級を最後までもち続けることが，今年のあなたにとって，最も重要なことなのです。

　あなたの仕事は，完璧にうまくいっていないにしろ，セリグマンの5つの要素から考えれば，意義のあるものになっているはずです。

小さくても輝いている部分を楽しもう。

出典：マーティン・セリグマン著，宇野カオリ監訳（2014）『ポジティブ心理学の挑戦："幸福"から"持続的幸福"へ』ディスカヴァー・トゥエンティワン

4 意味思考③ 「何とかなるだろう」感覚をもつ

　ストレスに関して研究を進めた研究者にＡ．アントノフスキーがいます。彼は，人がストレスを受けたときに「心身共に健康である」ために必要なことが２つあると言いました。一つを「汎抵抗資源」，もう一つを「首尾一貫感覚」と呼びました。前者を「特定でなく多様なストレッサーに対応するための種々の資源」，後者を「これらを駆使してストレッサーを処理していく感覚」のことだと説明しています。「首尾一貫感覚」は，更に以下のように３つに分かれると言います。

「把握可能性（comprehensibility）」
　仕事の先行きや見通しを把握できる感覚のこと。「この仕事が終われば，来週からは夏休みだから，ゆっくりできそうだ」というような感覚。
「処理可能性（manageability）」
　過去の成功を元に，「今回の任務も何とかなるだろう」と，自然に思える感覚。成功体験や克服体験の積み上げによって生まれてくる感覚。
「有意味性（meaningfulness）」
　面白みの感じられない仕事も，「何かこのことにも意味があるかもね」「そのうち面白くなってくるかもね」と自然に考えられる感覚。

　過去のことを思い出してみてください。あんなに大変だと思っていた学級。あんなにつらいと思っていた人生の困難。結局は，何とかなったのではないですか。そして，そのとき悩んでいたことを，今はもう具体的に思い出すことさえむずかしいのではないですか。そう，「きっと今年も何とかなる」と考えることが，あなたにとっても学級にとってもよいことなのです。

出典：Ａ．アントノフスキー著，山崎喜比古・吉井清子監訳（2001）『健康の謎を解く：ストレス対処と健康保持のメカニズム』有信堂高文社

第1章 「むずかしい学級」，担任のマインドセット

5 意味思考④　成長の機会を与えられた

　あなたが「むずかしい学級」の担任を頼まれたことは，あなたにとって成長の機会を与えられたということなのかもしれません。

　すでにやり方を知っていて，自信があり，悩みもしないことを，今まで通りになぞること。それは，成長を生みません。やり方がまだわからず，自信などあるはずもなく，頭を抱え込んでしまうような事象に出くわし，それを乗り越えようとしたときに，あなたは成長していけるのです。

　今までのやり方ではうまくいかない。自分が努力をしているのにも関わらず，「あの子」も学級も変わってくれない。そんなときに，あなたは子どもを変えようとして，ときに強引な指導をしたり，過去にうまくいった指導を繰り返したりします。もちろん，そのいくつかは効果があるかもしれません。しかし，思い描くような結果が得られないことも多いはずです。そもそも，すでにあなたが知っている方法でうまくいくなら，その学級はあなたにとって「むずかしい学級」とは言えないでしょう。

　しかし，そんな状況こそ，あなたにとって成長のチャンスと言えます。あなたが，あなたの「今まで」を繰り返すだけではうまくいかないのだと悟り，新しい考え方，新しい子どもとの距離感，また，違う指導法，環境づくりなどを試し始める。何より，子どもではなく，自分自身を変える必要があると，肚の底から感じ入るとき，あなたは「新しいあなた」に出会うのです。

　ある力のある教師が，1学期に「今までの方法が一つも，あの子たちには通用しないんです」と言っていたことがあります。しかし，同じ教師が秋に「この頃，少しよくなってきたんですよ」と言えるようになっていました。

　教師の成長とは，こうしたものです。教師である限り，経験年数が何年になったとしても，「新しい子ども」と出会い，うまくいかないことは起こり続けます。それこそが成長の機会です。そして，困難に正対する限り，あなたは成長し続けるに違いありません。

　「むずかしい学級」に出会う意味とは，こういうことかもしれません。

17

6 他者理解① 頭一つ抜け出す

　では,「この頃,少しよくなってきたんですよ」と感じられるようにするポイントは,どこにあるのでしょうか。

　もちろん,教師の教育技術の向上,知識の増加が関係することは紛れもありません。

　今までの方法ではうまくいかないのですから,新しい知識や方法を獲得し,それを教室で試すこと。子どもの状態や状況理解のための心理学的知見などを取り入れることが,効果的なのは当然のことに思えます。

　しかし,それらを習得したり,あなたが必要と考えているような的確な知見に出会ったりするには時間がかかります。また,それらに出会うためには,ある種の運のよさも必要なのです。

　では,どうすればよいのでしょう。実は,よい方法があります。

　それは,

> 考え方を変える

ということです。

　考え方を変えるというのは,もう少し具体的に言うと,見方(解釈)を変えるということです。見方とは見る角度のことですから,同じものを見ていても,その角度を変えるとよいということです。

　例えば,なかなか授業中に座れない子どもがいたとします。

　今までは,「座って学習しないなんて,いけないことだ。だから,この子は,いけない子だ。何とか座れるように指導しなくては」という見方を,ある子にしていたとします。

　それを,「この子は立つことで,学習に参加しようとしているのではないかな。この子は座ると,むしろボンヤリとしたり,隣の子に迷惑をかけたりしてしまうのかもしれないなあ。そういえば,この子は立っているときに,ときどき発言したりして,学習に参加しようとしているじゃないか」という

第1章 「むずかしい学級」, 担任のマインドセット

見方をしてみます。

　今までは, あなたを困らせる子であり, 「何とかしなければいけない子」と見えていたものを, 「何とか学習に参加しよう」としている子と, 見方を変えることにします。すると, 急に視界が開けたような気がしませんか。

　このように今までの見方を変えて, 少しだけ高度を上げた見方ができるようになることを, 私は「頭一つ抜け出す」と呼んでいます。「頭一つ抜け出す」と, それまで, 「むずかしい」と感じていたことが, 「むずかしい」と感じなくなることが少なくありません。そして, それは子どもの側に立って, 子どもを理解することでのみ得られる境地なのです。

　教育技術, 知見を身につける前に, 明日からでもできるのは, 「頭一つ抜け出す」見方をするということです。

頭一つ抜け出すと、視界が開ける。

「むずかしい」と感じている状況

7 他者理解②　人生の宿題からは逃げられない

　「頭一つ抜け出す」ということについて，もう少し書きます。
　一度，考え方を変え，頭一つ抜け出してしまうと，それまであなたが「むずかしい」と感じていたことは，「むずかしい」ことではなくなると書きました。
　例えば，子どもの新出漢字の定着が今一つだと感じたとします。
　あなたは，どう指導するのがいいのか。いや，そもそもどのような指導方法があるのか。ずっと悩んでいました。漢字指導に関する知識や技術に，色々と当たってきました。ところが，あるとき「どの教え方がいいのか」には答えはなく，「その子が学びやすい学び方を選ばせてあげることが，その子にとってのよい指導法なのだ」という考えに至ったとしましょう。
　もちろん，それまで色々な指導方法に当たったことは無駄ではありませんし，子どもにとって効果のある方法を提示するためには必要なことです。
　しかし，考え方を変えてみると，それまで「どの教え方がいいのか」と悩んでいたことは，実はたいしたことではないように思えてきます。
　本質的なことは，「どう教えるかということ」ではなく，「その子の学びやすい方法で学ぶということが重要だ」と，あなたは気付くのです。
　さて，逆を考えてみましょう。
　つまり，「頭一つ抜け出す」という思考に至らなかった場合を，考えてみましょう。
　あなたは，漢字の定着が今一つの状態にある学級，漢字を書くことが極端に苦手な子どもに対して，あなたの行ってきたこれまでの指導方法を繰り返すことになるでしょう。例えば，「とにかくたくさん書いて覚える！」というような方法です。
　そして，効果が上がらないことに焦り，ときには苛立ち，嘆くでしょう。
　しかし，最もつらいのは子どもたちです。
　先生の指し示す方法だけを奨められ，それ以外の方法を試そうとすると，

第1章 「むずかしい学級」，担任のマインドセット

「そんな方法では漢字を覚えることは，できないぞ。とにかくたくさん書く！」「どうして，言ったとおりにしないの！」と指導を受けます。

　しかし，先生が奨める方法で，自分は漢字をよく学ぶことができないのです。こんなにつらいことがあるでしょうか。

　あなたは子どもの姿に絶望するでしょうし，子どももあなたに絶望してしまうでしょう。

　いえ，子どもにとって，もっとつらいのは教師に絶望することではなく，自分自身に絶望することです。「自分は，ダメな子だ」と。

　もしも，あなたが考え方を変え，「頭一つ抜け出す」ことをしなければ，こうした状況が永遠に続くことになります。

　漢字の指導に限ったことではありません。

　授業中に集中がむずかしい子ども，友だちとトラブルを起こしがちな子ども，喧嘩してもどうしても謝れない子ども，100点がとれないとテストをビリビリに破いて，その日は一日泣き続ける子ども……。

　そうした子どもたちに出会うたびに，あなたはこれまでのやり方が通用しない状況に陥ります。考え方を変えられれば，苦しみは軽くなりますが，そうでなければ困難は繰り返しあなたの前にあらわれるということになります。

　つまり，教師人生の宿題からは逃げられないということです。その宿題にとらわれないようにするには，その宿題を提出するしかありません。

　確かに，こう考えると教師という仕事は，とても「しんどい仕事」ということになります。しかし，苦しんだ分だけ，きちんと子どもの姿として返ってくるのも教師という仕事なのです。困難の向こう側に，成長した子どもの姿があるのです。

　今まで苦しんできた子どもたちが，あなたと出会って，自分の中に何かしらの変化を生み出す。そんなときに，その子がどんな笑い方をするのか。あなたは見てみたくはないですか。その笑顔を最も近くで見ることができるのが，教師という仕事なのです。そのために，「頭一つ抜け出す」ように考え方を磨く必要があるのです。

21

8 他者理解③ あたたかい考え方が、あたたかく響く

　考え方を変えて、「頭一つ抜け出す」こと。このことは、教育技術の向上、知識の豊富さを身につける以上に、やろうと思えばすぐにできて効果があることだと、私は先述しました。

　しかし、それは、正に「教育技術の向上、知識の豊富さ」を身につけるわけではないから、教師の側の心の問題で、子どもには影響を及ぼさないのではないかという人もいるかもしれません。

　そうした人には、「考え方を変える」ことが、「教育技術の向上、知識の豊富さ」を身につけるまでの「暫定的な慰め」のように感じられるのでしょう。

　しかし、それはまったく違います。

　むしろ、「教育技術の向上、知識の豊富さ」よりも、考え方を変えることを優先して行うべきだと思っていますし、やや極端なことを言えば、これだけでも十分とさえ、私は考えています。

　私は、便宜上、「考え方」と「教育技術・教育に関する知識」を対立的に書いてきましたが、これらは本来一体のものです。

　こんな例を考えてみてください。

　前節で書いた「座って学習しないなんて、いけないことだ。だから、この子は、いけない子だ。何とか座れるように指導しなくては」と、ある子を、とらえている教師は、どんな言葉を子どもにかけるでしょう。

　おそらく、「授業中に立ってはいけません。勉強は座ってするものです。他の人たちは、きちんと座って学習していますよ。あなただけ特別はダメ。座りなさい」というようなものでしょう。

　一方、「この子は立つことで、学習に参加しようとしているのではないかな。この子は座ると、むしろボンヤリとしたり、隣の子に迷惑をかけたりしてしまうのかもしれないなあ。そういえば、この子は立っているときに、ときどき発言したりして学習に参加しようとしているじゃないか」と、その子をとらえている教師は、どんな言葉をかけるでしょうか。

第1章 「むずかしい学級」，担任のマインドセット

　おそらく，どんな姿勢でも学習に参加しようとしていれば，「お，考えているねえ。その調子だよ」「いい意見だねえ」，学習に参加できていない様子なら，「あれ，何か困っていることがありそうだねえ」と，声をかけるでしょう。

　つまり，教育技術とは「教師の考え方」という土台から染み出してきた，「教師行動」が子どもに向かって表出されているだけのものなのです。ですから，「考え方」を変えることが重要で，それこそを優先的に行うべきだと私は考えているのです。それは，「考え方」が変われば，自ずと教育技術も変わると言えるからです。

　逆に「考え方」を変えずに，教育技術だけを変えたとしても，その技術は，どこか冷たく子どもに伝わり，響くのではないでしょうか。

　教育技術には，「あたたかい教育技術」と「冷たい教育技術」があるのでしょう。そして，その違いは子どもに対して「あたたかい考え方をもっているかどうか」という点にかかっているのです。

9 他者理解④　自分理解も大切にする

　あなたは「むずかしい学級」を担任することになって,「どういった子どもたちなのだろうか。どう指導しようか。どう対応しようか」ということばかりに,目を奪われているかもしれません。

　もちろん,そうしたことが気にかかるのは当然です。実際,私たちの仕事は,子どもを対象として何かを働きかけることにほかなりません。

　しかし,もう一つ重要なことがあります。それは,「自分は,どういう人か」を,あなた自身が見つめ直すということです。

　特に,子どもが完璧な人間ではないように,あなた自身もまた完璧ではないということを,よく知っておくことは重要です。

　あなたが心の底で,「子どもは不完全だから,事あるごとに指導してあげるべき」だと思っているとしましょう。これは,指導することを生業としている教師として,正しい在り方のような気もします。

　しかし,あなた自身に置き換えて考えてみるとどうでしょうか。あなたのそばに「私と違って,○○先生はきちんと仕事ができないから,事あるごとに指導してあげるべき」と思っていて,一つひとつ口うるさくあなたを指導する管理職がいるとします。あなたは,この管理職に心を開くことができるでしょうか。おそらく,そばにいてあまり気分はよくないはずです。

　何かの指導を受ける以前に,関係をもちたくないとも思うでしょう。

　もう一度,あなたとクラスの子どもたちとの関係に置き換えてみてください。

　子どもたちは,自分のことをどこか下に見て,事あるごとに指導のチャンスをうかがっている教師と,親しくなり,指導を受けようと思うでしょうか。そうは思わないでしょう。

　ところが,学校,とりわけ教室という場所では,教師は自分を完璧だと思い込み,一方,子どもを不完全な存在だと思いがちです。また,子どもの頃優秀だった教師であるほど,その傾向は強くなります。

24

第 1 章 「むずかしい学級」，担任のマインドセット

それを防ぐために，自分自身について，いくつか振り返ってみてください。

☐　あなたは，小学生だったころ，お勉強はできましたか？

☐　得意な教科は，何でしたか。算数？　国語？

☐　スポーツはできましたか？

☐　苦手な運動はありましたか？　ひょっとすると，大きな大会で入賞
　　したことがあるのではないですか？

☐　絵を描くのは，得意ですか？

☐　人前で話すのは？

☐　友だちはたくさんいましたか？

☐　あなたは，担任にかわいがられていましたか？

☐　学校は好きでしたか？

　あなたは，学校というコミュニティーの中で，うまく適応し，ある程度
「できた子」だったのではないですか。だからこそ，教師という仕事を選ん
だのでしょう。そうした自分を理解することが，まず重要です。その上で，
だからこそ自分には，どうしてもその気持ちを理解できない子どもがいると
いうことを自覚すべきです。

　例えば，こんなことを考えてみてください。

　勉強が苦手な子どもが１時間いっぱい教室に座っていなくてはならない時
の気持ちを，あなたは実感できますか。

　鉄棒が苦手で，それでも鉄棒をずっと握り締めなければならず，少しでも
休んでいると，先生に「何を，サボっているんだ！」と言われる子どもの気
持ちを。

　休み時間，教室で，一人ぼっちで座っていなければならない子どもの苦し
さを。

　「できた子」であったからこそ，できないことがあるという自分理解，そ
れこそが，子ども理解と同時に，この時期しなくてはならないことなのです。

25

10　無力感の受容①　周囲の助けを借りる

　もしも，あなたが過去に「むずかしい学級」を担任したことがあって，それなりに一年を終えたとしたら，それは再度「むずかしい学級」を担任させるに，十分な理由と言えます。校長は，あなたを見込んで頼んできたのです。

　あなたは，むずかしい学級をこじらせることなく，なんとか一年もったというだけで，「力のある先生」と思われているのです。

　「しかし……」とあなたは言うでしょう。前担任の話を聞けば聞くほど，あなたはユウウツになっているに違いがありません。前担任が話す子どもたちの負のエピソードから，来年３月のイメージやクラスをよくするような手立てが思い浮かばないのです。

　そして，なにより不安です。あなたがこれまでに行ってきた成果の上がる方法は，次のクラスでは役に立たないような気がするのです。

　一方で，こうした方もいるかもしれません。

　「私は，今年異動してきたばかり。子どものことも，学校のことも，保護者，地域のこともよくわからない。でも，私と話をする先生方が，みんな『先生，あのクラスは大変なクラスですよ。気を付けてください』なんて言う。前担任からは，『私の力不足で，大変なクラスのまま，先生にお渡ししなくてはならなくなってしまい申し訳ありません』と，頭を下げられるし……」

　こうした方は，きっと思うことでしょう。

　「よくわかっていない私を，学校で一番大変な学級の担任にするなんて，いったいどういうことなの？　校長に，ひとこと言ってやらないと気が済まない」，と。

　こうした状況に出くわし，あなたが憤りを感じるのなら，私は校長のところへ行き，率直な気持ちを伝えるべきだと心の底から思います。

　心の中のモヤモヤをそのままにして，立ち向かえるほど，あなたの学級は「楽なクラス」ではないでしょう。しかし，恐らく担任人事が，今から覆る

26

第1章 「むずかしい学級」，担任のマインドセット

ということは，現実的には考えにくいわけです。

そうであるならば，あなたにとって「むずかしい状況」を，少しでもむずかしくないようにする戦略こそが必要だと，私は思います。揺れる心情は当然あるのだけれど，一方で冷静に交渉しなくては，この一年を乗り越えることはできません。

その戦略とは，一人ですべてをやるという考えを捨て，周囲の助けを借り，楽に仕事ができるような環境を，自身で要求するということです。背水の陣など敷いてはいけません。次のようなことが考えられます。

・授業中の学習支援人員の確保
・学力的に厳しい子どもに対する授業時間以外の支援（朝の時間や給食準備時間などを活用して，あなた以外の人が指導する）
・生徒指導事案発生時の複数教員対応
・保護者対応時の複数教員対応

こうしたことを，学期始業前に約束してもらえるように交渉することをおすすめします。この要求は，校内でも「有名なあのクラス」をもつあなたとしたら，当然のことであろうと私は考えます。

しかし，こうした交渉はあくまで冷静に行うべきですし，「当然の権利です」というような態度で主張しては，かえってうまくいきません。

上のような「特別措置」を学校体制として，確保するということは，もちろん，どこかに無理が出ます。

それを，「当然のこと」という態度で享受しようとすれば，「私だって大変なのに」という思いを抱く人が当然出てきます。そうしたことを，できるだけ避けなければなりません。「むずかしい学級」を担任するには，他の職員の好意的協力が必須です。

多くの子どもたちが，どこかで誰かのお世話になるからです。言ってみれば，他の人に嫌われないということも，大切な戦略の一部です。

27

11 無力感の受容② とにかく乗り切れば,ハナマルだ

あなたに求められているのは,「そのクラス」を「よいクラス」にすることではありません。

一年間を,どんな姿であれ,乗り切ることなのです。

次のような,ルーブリック評価を頭の中に置いてみてください。

> S　一年間,休まず担任をなんとか続けて,一人以上の子どもが「自分は成長した」と感じている。
> A　一年間,ほとんど休まず,担任をなんとか続けることができた。
> B　休みはけっこうあったが,担任を続けることができた。／一時期でも担任をすることができた。

この流れで行くと「『C』は,どのようなことだろう?」と,あなたは推理していたことでしょう。

しかし,「C」はありません。このルーブリックに,「C」はないのです。途中で「降りて」しまったとしても,ある時期だけでもあなたは引き受けたのです。それが「C」であるわけがありません。

周囲が認める「むずかしい学級」。その学級をたった一年で回復させるということは,やはり困難なことなのです。

今まで,その学級に歯が立たず倒れてきた教師が何人もいたことでしょう。それを,あなたが「よい学級」にすることは,ほぼ不可能だと思っていた方がよいです。

ネットの記事や書籍に書かれている「むずかしい学級」の「復活劇」や「生還劇」と自分や自分の状況とを比べて,落ち込む必要はありません。

自分の身の丈に合った実践をして,ときどきはうまくいかないことがあり,ちょっとした子どもの笑顔によって安寧が得られる一年が送れればよいのです。

第1章 「むずかしい学級」，担任のマインドセット

12 無力感の受容③　不安は口にしていい

　校長から，なぜその学級担任を頼みたいのかということを丁寧に説明され，引き受けるという場合もあるでしょう。

　しかし，「むずかしい学級」の場合は，そうではない場合が多いようです。例えば，学期中のある月曜日に，出勤したら「今日から，○年○組の担任ね」と言われたことも，私にはあります。「むずかしい学級」を，何度か担任したことがある方ならわかると思いますが，「ふつうではない」引き受け方になることは，よくあります。

　また担任を引き受けると決めた後からも，色々なことが耳に入ってきます。

　転勤してきたばかりという場合でも，はじめはよくわからないのですが，職員に溶け込むうちに，色々と教えてくれる人がいます。

　「あの学年は，誰ももちたがらなくて……」

　「あの学級は，2年生のときに崩壊していて，先生も辞めちゃって……」

　こんなことを，あとから知ることがあります。

　あなたは，なんとなく裏切られたように思い，その思いを拭い去りたいと思うでしょう。誰かに，話を聞いてほしいと思うはずです。

　ところが，一方であなたはこうも思うはずです。

　「そんなことを，こんな忙しい時期に聞かせるなんて，やっぱり迷惑になる」

　「愚痴なんて，人のエネルギーを吸い取るだけだからやめておこう」

　「話しているうちに，誰かの悪口になってしまいそうで怖い」と。

　しかし，今最も大切なことは，あなたが，心を立て直し，日々子どもたちの前に平常心で立つことです。

　そのためなら，あなたは誰かに怒っても，愚痴を言っても，悪口を言ったっていいのだと思います。

　それが正しいことだとは言いません。しかし，今のあなたには必要なこと。

　そして，担任する子どもたちにとっても必要なことだと，私は思います。

29

13 無力感の受容④ 避けられないことがある

あなたは、不安の中でも自分のモチベーションを何とか保とうとしているに違いがありません。

「今までの成果を、今一度試すチャンスととらえよう」

「私は、管理職に頼りにされているのだから、それに応えなければならない」

「今まで、あの子たちは学びからスポイルされてきたのだから、『楽しい授業』で学ぶ姿勢を、回復してみせる」

このように、あなたは考えているかもしれません。このように考えることは、「百利あって一害」もありません。こうしたモチベーションが、あなたを前に進ませるでしょう。

しかし、一方で次のようなことも、頭の片隅に置いておきましょう。

> あなたがどんなに努力しても、どうしようもできないこともある。

子どもが、他の子どもの顔を蹴り上げて、数針縫うというけがをさせてしまう。しかも、「加害児童」の保護者は一切謝罪する気がない。「被害児童」の保護者は警察に相談をするという。

親から虐待を受けた児童が、祖父母のところに引き取られ、あなたのクラスへと転入する。しかし、3か月後、祖父母のところで、また虐待を受けていると判明し、適切な施設へと入るため、転出していく。

あなたは、教師として奥歯を噛みしめるに違いありません。悔しくて、涙もこぼれるかもしれません。しかし、あなたにはどうしようもありません。あなたが、どんなにモチベーションを保って、むずかしい学級の担任として業務に当たっていたとしても、避けられないことは起きてしまいます。

起きてしまうことのすべてが、あなたの責任ではありませんし、あなたが、すべてを何とかしなくてはいけないということでもないのです。

第1章 「むずかしい学級」,担任のマインドセット

14 無力感の受容⑤ 道を開こうとすることはできる

　あなたは,自分の力で道を切り開けないことがあることを,この年,何度も経験するに違いありません。「教師とは,なんと虚しい仕事なのだ」と思うかもしれません。しかし,ここが肝心なところです。「自分の力で道を切り開けない」と気付いたところが,スタートです。

　それでも,なお,「子どものそばにいるあなた」にしかできないことは何だろうと考えるときに,「むずかしい学級」の担任としての仕事は始まるのです。何もできなかったとしても,あなたがそばにいることには何か意味があるのではないですか。

　「これは家庭の問題だから」「この子の特性の問題だから」と,見て見ぬふりを決め込むのか,それとも「何かができるかもしれない」と,せめて一分一秒でも,この子の幸せな時間をつくってあげようとするのか。

　自分で道を開けないとしても,道を開こうと何かをすることは,どんな状況でも,何度でもできるはずです。

15 無力感の受容⑥ 孤独にならない

　この一年間の過ごし方で，大切なことの一つに「孤独にならない」ということがあります。
　あなたには，この一年間，次のようなことが起きるかもしれません。
　あなたが，目の前の子どもたちの学習を成立させようと，春から工夫してきた授業スタイル。それを公開したら，「うちの学校の研究主題には沿っていないので……」などと言われる。
　子どもたちとの関係がうまくいかなくなったとき，今までの経緯など聞きもせず，高踏的に「先生のやり方が間違っているよ。ひとまずさ，子どもたちの言い分を認めてさ，先生も非を認めてさ……」というような「アドバイス」をもらう。「ちょっと，○○さんの保護者から，私のところに連絡が入ってさ，先生のやり方，まったく理解されていないみたいだよ。だから，『私から，改善するように言いますから』って言っておいたから……」と「善意の指導」をされる。
　あなたは，その度，「じゃあ，あなたが授業やってごらんなさいよ」「あなたが，あのクラス，担任してみてよ」「子どもの味方にはなって，同僚として，私の味方はしてくれないの？」「私の話を聞く前に，勝手に保護者に改善の約束！？」と，憤るに違いがありません。
　こんなときには，２，３日休んでもいいくらいです。「これくらいのことに，耐えられなくてどうする」なんて，自分を鼓舞する必要はありません。
　一方，こんなときにこそ，そっとあなたに声をかけてくる人が，必ずいるはずです。「先生は，子どものためを思って，ずっと努力してきたんだよね」「先生には，先生にしか見ることができない子どもたちの姿があって，そこから考えたことだったんだよね」「先生は，子どもたちを悪者にせずに，先生が悪者になったんだよね」と。
　しかし，あなたは言うかもしれません。「うちの職場に，そんなふうに私を気にかけてくれる人は，一人もいない」と。

第1章 「むずかしい学級」，担任のマインドセット

　確かに，あなたが孤軍奮闘しているときに，あなたの周囲の人たちは，これまで向こうから手を差し伸べることを，しなかったかもしれません。

　しかし，その真意は「頑張っている先生の邪魔をしてはいけない」だったかもしれません。また，ぐっと耐えているあなたの姿が「きっと大丈夫な人」と思わせたのかもしれません。

　もしも，あなたが必要な支援をもらえていないのなら，あなたから周囲の人に，率直に援助を要求してもよいかもしれません。まず，職員室に戻り，自席についたら，「ああ，今日も大変だった」と言って，苦笑いをしましょう。周囲は，きっと声をかけてくれます。「どうしたの？」「何かトラブル？」と。

　そのときに，率直に現状を語ればいいのです。これだけで，あなたの気持ちは少し楽になるでしょう。また，周囲の人にとっても，あなたが困っていることを話してくれることは，決して負担ではないはずです。むしろ，同僚の苦しさを知らないということの方が，自分で自分が責められるものです。

　孤独は，ときに「私だけが大変な思いをしている」という独善や，自暴自棄を生みます。「むずかしい学級」の担任は，それを周到に避けなければなりません。まずは，自分の状況を話してみましょう。

手を差し伸べてもらうだけではだめ。
援助を要求することが大切。

16 無力感の受容⑦　正解はなく，物語がある

　あなたは，この一年間，むずかしい場面に出会い，そのたびにぎりぎりの対応を迫られるでしょう。

　この本を手に取っていただいたのも，その対応について，「正解」が知りたいからに違いありません。

　しかし，その「正解」は，残念ながらこの本を含め，どこにも書かれていません。また，誰の話を聞いても，「正解」がその口から語られることはありません。著名な実践家による講演で語られる内容も，それらは「その人の正解」でしかないのです。

　「あなたの正解」は，実践する中であなたが選び，つかむものです。

　正解は，あなたしか知ることができませんし，あなたにしかできないということです。

　こう書くと，「何を言っているのだ」「この本を読んでも意味がない」と思われるかもしれません。

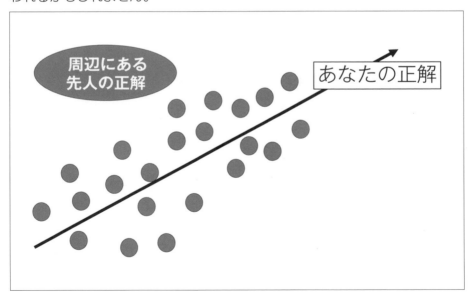

第1章 「むずかしい学級」，担任のマインドセット

　以前，私は「優れた教育技術というのは，決して固定的なものではなく，『方法』『思想』『教室の実態』『教師のキャラクター』の４つの要素が組み合ったところにある」と論じたことがあります。

　これは，誰かの「正解」をそのままトレースしたところで，うまくいかないということと，同義です。

　誰かの本に書かれている子どもと，あなたの目の前にいる子どもとは，当然違うでしょう。更には，その本を書いた人に使いこなせる方法と，あなたが使いこなせるそれとも，違うはずです。

　あなたは，あなたとあなたの目の前にいる子どもたちとの関係における正解を，最後は自分で見つけなくてはならないのです。あなたしか正解を知らないというのは，このような意味においてです。

　そうであるなら，人の実践から学ぶということは無駄なのかと思い，よりどころのなさに絶望的な気分になるかもしれません。しかし，そうではありません。あなたのつかむべき正解を，ゼロから見つけることは，かなりむずかしいことに違いありません。

　その上，セオリーから外れた，明らかな間違いというのも教育実践研究には示されています。そうした明らかな間違いを避けつつ，「正解は，このあたりかな」と見当をつけるために，先人の実践から学ぶということが必要なのです。しかも，先人にとっての正解は多くあった方が，当然のことながら，あなたの正解に，見当はつけやすいはずです。

　ここに，教師がたくさん学ぶことの意義があります。

　そうしてつけた見当によって，一つの方法を試します。しかし，それがいきなり正解だということは珍しいわけです。ときには，失敗をして子どもに詫びたり，逆に子どもたちがよい姿を見せてくれ，手ごたえを感じたりしながら，最適な教育方法を見つけていく。そこに，その子とあなたとの物語が生み出されます。

出典：山田洋一（2011）『発問・説明・指示を超える技術：タイプ別上達法』さくら社

35

「観」を見直してみる

　さて、「むずかしい学級」とは、どんな学級のことでしょうか。また、逆に「よい学級」とは、どのような学級でしょうか。実は、この問いに、ずばりと答えることはできません。

　あなたには、次のような経験はないでしょうか。

　乱れがなく、整然とした学級を参観したときに、整い、乱れがなさ過ぎて、「この学級って、ほんとうによい学級と言えるのだろうか」と、かえって疑問に思う。一方で、ガチャガチャとした学級を参観したときに、ガチャガチャとはしているが、子どもたちが生き生きと学習している。「この学級を、単に『落ち着きのないクラス』と、とらえてよいのだろうか」と、思う。

　こんな感触をもつとき、あなたの「よい学級」像、「むずかしい学級」像は、揺さぶられているのでしょう。

　「むずかしい学級」が、「むずかしい」とされてしまうのには、あるコミュニティーの多数派が感じる「よい学級」像、「むずかしい学級」像が、影響しています。あなたも、当然その影響下にあります。

　そうした多数派がもっている「よい学級」像に、あなたが強く影響されているうちは、あなたは、これから担任する学級を、「よい学級」にすることは、やはり「むずかしい」でしょう。

　授業中の子どもたちは、姿勢よく、担任が話しているときも、目をしっかりと見ている。その上、話す内容に合わせて、ときに大きく頷く。担任が「それでは、始め！」というまでは、活動を始めない。机の上も、きまりをよく守り、9割の子どもたちの机上がまったく同じ状態である。

　ステレオタイプ化されたこうした「よい学級」像にとらわれているうちは、あなたの学級は、そのよさを発揮することはできません。なぜなら、あなたが、「むずかしい学級」のよさを内側から、発見していくことができないか

第1章 「むずかしい学級」，担任のマインドセット

らです。いつも不足ばかりが目についてしまいます。

　「むずかしい学級」の状況を改善するには，一般に言われるような「よい学級」像に対して，足りない部分を埋めていくというような営みとは，違うことをしなくてはなりません。

　あなたは，山から切り出された原木を前に立つ，彫刻家のようなものです。

　どこかで見たような「美しい作品」を，再現するために槌とノミを持つのではありません。原木の中にあるあなたとその原木でしか生み出せないような，作品を創造するのです。

　あなたは，毎日，原木を見つめるように，その学級を，子どもたちをよく観察して，「ここにきみたち（きみ）のよさが，あるじゃないか」と，伝え，勇気づけ，励まし続けることで，あなたとあなたの学級の子どもたちで作品を創っていくのです。

　そのために，あなたは，いえ，私たちは，「よい学級」とは何かを，考え続け，子どもたちとともに答えを探さなくてはなりません。

　これから一年，学校の役割とは？　学級とは？　教師はどうあるべきか？という問いが，何度もあなたに迫ってくるに違いありません。

　そうしたときに，見つけるべきなのは，多数派が認めるそれらではありません。あなたと子どもたちとの日常から，浮かび上がってくる教育観，学校観，学級観なのです。

1 指導観を磨く① 「ラーメン屋＝教師」モデル

「よい教師とは，どのような教師か」という問いに，ずばりと答えることは，これもまたむずかしいことです。

しかし，答えを考える上でのヒントのようなものはあります。

そのヒントを提供する前に，「流行らないラーメン屋」について考えてみましょう。

ここに一軒の「流行らないラーメン屋」があります。この店の前で行列など見たこともなく，ときどき客が訪れては首をかしげながら出ていく，そんな店です。

なぜ，この店は，流行らないのでしょうか。立地が悪いというような理由も考えられますが，まず何より味が悪いのでしょう。

この店主が，客に「うちのラーメンの味について，どう思いましたか。何か気付いたことがあったら教えてください」と尋ね，閉店後にそれをもとに研究を重ねるのなら，まだ見込みはあるはずです。

ところが，この店主はそれをしません。いえ，しないどころか「うちのラーメンの味がわからない客は，こちらから願い下げだ。来てもらわなくても，けっこうだ」「今，世の中で流行っているラーメンは，ありゃあ，ラーメンじゃない」と言う始末です。

たぶん，こんな店には今後も客が入ることはないでしょう。

既にあなたは気付いているかもしれません。この店主を，「むずかしい学級」を，更にむずかしくしてしまう担任と重ね合わせてみましょう。

共通点が，浮かび上がってくるはずです。

まずは，子どもたちに指導をする。その指導が，効果を上げない。そのときに反省をして，子どもたちの様子を観察し，ときには子どもたちに「どうしたら，できるようになりそう？」と尋ね，指導法を研究し，変えるなら，もちろん見込みはあるでしょう。しかし，それをしません。

その上，職員室では「あの指導で，わからない子どもたちは，やっぱりど

うしようもないな」とか,「ふつうは,あの言い方でわかるだろ!」なんていう言葉を吐いています。これでは,学級がよくなったり,子どもたちが成長したりするわけがありません。

でも,更にこういう人がいるかもしれません。

「ラーメン屋の店主と,学級担任。飲食業と教職は,違うのではないですか」と。

もちろん,まったく同じとは私も考えてはいません。しかし,自分のつくった料理で客に喜んでもらうのが,飲食業の目的であるのに,そのために努力もせず,その上,その目的の対象となる客をかえって批判する店主。

自分の指導によって,子どもに成長を促すことが,教育の目的であるのに,成長も促さず,その上,その子どもの方をかえって批判する教師。

こう並べてみれば,むしろ違うということがむずかしいと感じるに違いありません。

「よい教師とは,どのような教師か」という問いに,答えを出すヒント。

それは,その学級生活で子どもの成長が保障され,それを子どもが幸せに思えるように努力しているか,どうか。この一点です。

子どもの姿と意識に答えがあるということです。よいラーメン屋の答えを,客がもっているように。

共通点は?

まずいラーメン屋の店主　　むずかしい学級を,
　　　　　　　　　　　　　むずかしくする教師

2 指導観を磨く② 粘り強くがんばらない

　「むずかしい学級」を担任していると，本来あるべき姿と目の前の子どもたちの姿を比べて，焦ることがあります。そんなときは，子どもができないことを，深追いしないことも大切です。今は，それが優先的な指導事項ではないと，いったん保留するのです。

　例えば，始業時，日直が号令をかけようとします。
「気を付け！」
　ところが，静まることがない。あるいは静まるまでに時間がかかる。そのうち，子どもたち同士が注意をし始めます。
「○○さん，静かにしてください」「はーい」
「○○さん，体の動きを止めてください」「はあ？」「動いてねえし！」
　こうしたやり取りが，毎時間のように起き，教室の空気が荒む。

　一方，隣の教室から，「気を付け！」「はい！」「これから１時間目の学習を始めます！」「始めますッ！」という明るく，はりのある声が聞こえてくる。

　こんなとき，あなたは，焦り，イライラとし，子どもたちを叱咤したくなるかもしれません。

　しかし，あなたが叱咤すればするほど，教室の空気は荒み，雰囲気に敏感な子どもたちは保健室やトイレへと避難するようになります。「よい子」たちは，無関心を装い，勉強はしていますが，他の子どもと関わらないようにしていくでしょう。

　あなたは，「私は間違ったことはしていない。この子たちを何とかしなくてはならない。そのために，今私は『正しいことは正しい。間違っていることは間違っている』と，しっかり伝えなければならない」と，かえって「使命感」を強くするかもしれません。

　また，始業時によい姿勢で座り，声をそろえてあいさつすることは，大切なこと。小学校から高校の多くの教室で，それは繰り返されていること。今

第1章 「むずかしい学級」,担任のマインドセット

のうちに,子どもたちにしっかりと始業のあいさつを教えたいと,あなたは頑なになってしまうかもしれません。

しかし,残酷なようですが,こうしたことを続けていても,状況が改善されることは,ほとんどありません。

本来,始業のあいさつは気分を高揚させ,意欲的に子どもたちが学習に取り組めるようにするものです。それが,あなたの教室では,まったく逆になってしまっているわけです。

その上,始業のあいさつを徹底しようとすればするほど,毎時間の教室の空気が,荒むのならば,これはもう本末転倒です。

では,どうすればよいのでしょうか。簡単に言うと,始業時のあいさつ指導をいったんやめてしまえばいいのです。やればやるほど,状況は悪化しているのですから。

こうしたときは,後ろめたい気持ちなどまったくもつ必要はありません。「これをやめられる自分は,えらい」くらいの気持ちでいてください。

よくないとわかっていることを続けることほど,愚かなことはなく,粘り強くがんばらないことは,勇気のあることと言える場合もあるのです。

うまくいかないことを
やめる勇気を!

3 指導観を磨く③　少しだけ信念を曲げる

　あなたは言うでしょう。「現在指導している事柄をやめるかやめないか，その判断基準は何ですか」と。確かに，そこがむずかしいのですが，2つの基準があります。

　一つは，目的に照らして考えるということです。始業のあいさつの場合，「気分を高揚させ，意欲的に子どもたちが学習に取り組めるようにする」ことが目的ですから，あいさつ以外でそれができるのなら，すっぱりとやめて違う方法を，選択すべきです。

　あなたが，ニコニコしながら，「今日は，面白いものを持ってきたんだ」と言って授業を始めた方が，子どもたちが意欲的に学習するようになるのなら，その方がよいわけです。

　もう一つは，その指導は「今ではない」という判断基準です。あなたが，繰り返し，叱ったり，ほめたり，あいさつの大切さを語ってみても，それが定着できないというのであれば，今そのことを指導する時期ではないと，判断し，やめましょう。

　こうすることで，あなたの気持ちは軽くなるでしょうし，何より子どもたちは毎時間叱られなくて済むので，ほっとするでしょう。

　教師は，努力家で，愚直に努力する人が多いです。だからこそ，教師になれたのでしょう。それは，すばらしいことです。

　また，努力の大切さを知っている人こそ，教師になるべきだと私は思います。努力をして何かを成し遂げた人には，子どもたちを教育する資格があります。

　しかし，努力のすばらしさを知っている人だからこその弱点もあります。

　それは，どんなことでも努力をすれば，状況を変えることができると，信じすぎるところ。また，自分が努力して変われたように，相手も変われるはずだと信じすぎてしまう点です。それが行き過ぎると，「努力しない人は，怠けていて，悪い人だ」とさえ，考えるようになってしまいます。極端な正

義感とでもいうのでしょうか。

　確かに，変わろうと思っている人は，自分自身を変えることができるかもしれません。しかし，「変わろう」と今は思っていない他人を変えることは，むずかしいのです。ましてや，そのことの重要性に気付いていない人なら，なおさらです。

　そんなときには，目的思考（なんのためにやっているのか），優先順位思考（今最も重要なことは何か）によって，いったん指導を保留する。ちょっとやめてみる。少しだけ自分の信念を曲げてみるということが，大切なことです。

　これは，自分の力不足からくる諦めや妥協，「撤退」とは違います。

　「他に重要度の高いことがあるから，そちらを優先しよう」

　「色々なことができるようになり，自分たちに自信がもてるようになったら，きっとできるようになるさ」

　このように考えるということです。

　これは，プライオリティーの問題ですし，子どもを信じて待つということでもあります。

目的思考と優先順位思考で，適切な選択を。

4 指導観を磨く④ コントロールしようと思えば思うほどうまくいかない

　教師という仕事に就いている人は，人をコントロールしようと強く考えてしまいがちな人が多いです。子どもを変容させるということが，一見教職の本質のように思えるからでしょう。

　しかし，実のところ「子どもをコントロールしたい」という意識を強くもてばもつほど，教室の状況や，子どもとの関係は困難になります。

　特に，「むずかしい学級」の担任であれば，なおのことです。それは次のようなことです。

　子どもたちは，何らかの努力をするように，担任から働きかけられます。学校なのですから，当然です。しかし，「むずかしい学級」の子どもたちは，今まで努力して報われたことが，極端に少ないわけです。

　「先生は，私たちに何かをさせて，がんばらせようとするけれど，きっとできないよ。今までだってそうだった。そして，できないと私たちを責めるんだよ」と，思っているわけです。そこで何かをして傷つくより，何もせずに傷つかない方を，子どもたちは選ぶのです。教師への反抗というより，ある種の防衛機制と言った方がよいでしょう。一方，その状況に教師は焦り，何とか子どもたちの行動を変えようと，更にコントロールしようとします。

　ところが，子どもたちは，なおいっそう不安になり，何もしなくなる……。

　「むずかしい学級」の担任が，「子どもをコントロールしよう」という意識を強くもてばもつほど，学級の状況が困難になるのは，こうした理由からです。

　また，もう一つ，理由があります。

　それは，「むずかしい学級」を担任している教師特有の使命感と関係があります。次のようなものです。

　「子どもたちの現状には不備，不足がある。だから，荒れているのだ。それを改善するために，私は，担任を命じられた。学級を何とかして早くよく

第1章　「むずかしい学級」，担任のマインドセット

しなければ」と，担任は思います。これが，「むずかしい学級」を担任している教師特有の使命感です。

ところが，「むずかしい学級」では，改善が，文字通りむずかしいのです。

一つのことができるようになるには時間もかかるし，精神的なコストも大きい。

担任教師は，焦ります。

このクラスを早期に改善できない自分は，担任として責務を果たしていないと，考えるようになります。子どもをコントロールして結果を出すことが，自分の指導力を示す方法なのに……。

もしも，職員室が「子どもを従わせることのできる教師が，力のある教師だ」と考えるような雰囲気であれば，こうした意識はいっそう強いものとなるでしょう。

しかし，実際のところ，子どもたちをコントロールしようとする意識が強い教師は，先述の通り子どもの不安をかえって強め，うまくいかない。担任は，ますます焦る。悪循環とは，このことでしょう。

では，子どもたちを「コントロールをしよう」という意識を和らげるには，どうしたらよいでしょうか。以下のようなことが，ヒントになるでしょう。

---

① **コントロールしようとしているときの自分の感情を自覚する**

　どのような感情から，子どもをコントロールしたいと思っていますか。例えば，「なめられるのが怖い？」「無能だと思われるのが不安だ？」「自分の非力を認めたくない？」というような。

② **「できない自分」を愛おしむ**

　「ま，仕方ないさ」「自分には変えられないこともあるさ」「がんばっているけど，うまくいかないときもあるよね」と思う。

③ **自己評価の基準を下げる**

　「ま，65点でいいよね，何事も」「ほどほどでいいんだよ」と考えるようにする。

45

5　指導観を磨く⑤　指導には「あそび」をつくる

　自分の指導を完璧にしようなどと，考えてはいけません。

　まして，それを受ける子どもの伸びに，完璧を求めてはいけません。あなたは，もちろん善意でそうするのでしょうが，そう考えれば考えるほど，子どもは成長しません。指導には，「あそび」を残しておくのがよいのです。

　例えば，あなたが「誰一人取り残さないぞ」と考えて，学力が十分に身についていない子どもを，朝の時間に補習し，休み時間も残して学習させる。授業中も，その子のそばを離れず，個別指導を丹念に行う。こうして学力を伸ばそうとしたとします。

　しかし，こうまでしても結果が出ない。あなたは，職員室でこう言うでしょう。「結構，丁寧に指導しているんですけどねえ」と。「あの子は，何をしてもダメかも……」という意味を，言葉ににじませながら。

　多くの教師は善意の人だと，私は考えています。しかし，善意の教師の怖いところは，こうしたところにあるとも思っています。

　「私は，一生懸命にやっている。一生懸命にしていないのは……」と，無意識に思ってしまっているのです。

　さて，こんな架空の話を思い浮かべてください。

　あなたは，あまり事務業務が得意ではありません。職員室では，教頭がずっとサポートしてくれます。

　朝出勤し，職員室に入ると，教頭はにこやかに寄って来て，「さあ，昨日の書類に間違いがあったからね。これを直してから教室に行こう」と言います。

　それを直している間，ずっと教頭は，あなたのそばを離れません。そして，あなたが書き間違うや否や，「あ，それはちょっと違うなあ。この間もやったじゃないですか。うん？　忘れちゃった？　こうするんだったじゃないか」と，「アドバイス？」をくれます。

　ようやく終わったかなと思ったら，「みんなには，明日，渡すんだけど，

いつもあなたは書類ができ上がるのが遅いから，先に説明をしておくから，もう一回座って……」と，明日の分の書類まで渡されます。

　あなたが，無意識に嫌な顔をしてしまうと，教頭はこう言います。「あなたのためだよ。書類を書くことはどの学校に行ってもついて回る仕事だからね……」と。

　あなたは，この学校にいたいでしょうか。「NO」でしょう。教師は，自分がされるといやなことを，わりと平然と子どもにやってしまいます。

　私も，同様です。

　だから，ときどき，「なってみて」考えるようにしています。

　自分が，教頭に同じことをされたら，どう思うだろうかなあと，勝手に夢想するのです。

　この夢想には，かなり効果があります。「教頭に，同じようにされたらいやだなあ」と思えば，指導には「あそび」をつくるようにします。

　「宿題を，出してない。ま，3回連続して忘れるまでは，大目に見よう」

　「かけ算九九が，定着してないじゃないか！　ま，『九九カード』を渡して，ゆっくり覚えてもらおうか」

　「また，けんか！？　けんかしない方法を，けんかして覚えているんだよねえ」

　これくらいの「あそび」が，指導にあった方が，子どもは教室にいやすいのかもしれません。

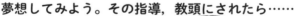

夢想してみよう。その指導，教頭にされたら……

6 指導観を磨く⑥　障害はカリキュラムの方にある

　アメリカの研究団体 CAST が提唱した「UDL（学びのユニバーサルデザイン）」という指導のフレームワークがあります。教師の指導観を吟味するのに、重要な示唆を与えてくれる考え方なので、ここで紹介します。バーンズ亀山静子（2020）は、UDL では、「学習にかかる障害を子どもではなくカリキュラムにあると捉えている」と解説しています。
　これは、次のような意味です。
　例えば、あなたが新出漢字を、次のように指導したとしましょう。
　①黒板を使って、書き順を示す。②薄く印刷された漢字をなぞらせる。③何もないマスに手本を見せながら、数回書かせる。
　オーソドックスな指導方法であるように感じますし、あなたは丁寧に教えたと考えています。
　ところが、こうした指導法では、新出漢字を習得できない子どもがいたとしましょう。このとき、あなたは「この子は、漢字が苦手な子だ」と、その能力の不足を指摘するでしょうか。
　あるいは、次のように考えるでしょうか。
　「いや待て、この子を漢字が苦手だと考えるのは、まだ早いぞ。この子が覚えられる方法が、他にあるかもしれないぞ。学び方が、この子に合っていないだけかもしれない」と。
　このように、その子の能力が不足しているのではなく、何かしらのバリア（この場合は、その子に合っていない学び方）によって、学べなくなっているだけだと考える。これが、UDL の前提となっている考え方です。つまりは、「障害があるのは、子どもの方ではなく、カリキュラムだ」ということになります。
　さて、こうした考え方に基づいて子どもたちを指導すると、教師の何が変わるのでしょうか。
　私は、次のような変化があると考えています。

障害観	障害は子どもにある。	⇨	障害はカリキュラムにある。
能力観	差があり，固定的なものである。	⇨	環境に応じて発揮されるものである。
指導方法観	一律に提供され，教師が提供した方法で学べるのが好ましい。	⇨	その子によって，合う，合わないがあり，子どもが学びやすい方法で学べるのが好ましい。
学習における支援	困難があるときに，教師が，後から提供する。	⇨	困難を感じる前に，いくつか用意されていて，子どもが選択し，試す。

　まず，子どもの能力は環境によって，十分に発揮されたり，発揮されなかったりするものだと考えるようになるでしょう。

　そうなれば，教師は広い意味でのカリキュラムを変えたら，今学べずにいる子どもも学べるようになるのではないかと，考えるようになるでしょう。例えば，「学習のゴールの示し方は？」「教材は，この子に合っている？」「学ぶ場所は，教室だけでいい？」「学ぶためのツールは，これでいい？」「表現の仕方は，これでいい？」というように。

　また，教師が考えた方法で学べない子どもには，「何があったら，学べそう？」「先生がお手伝いできることはある？」と尋ねることでしょう。

　学べないことを，子どものせいにして，子どもを責めるようなことは，少なくともなくなるはずです。

出典：バーンズ亀山静子監修（2020）「学びのユニバーサルデザインとは？」『授業のユニバーサルデザイン vol.12』東洋館出版社

　　　川俣智路（2020）「学習支援から学習者の発達支援へ─UDL を支える足場的支援（Scaffolding）─」『指導と評価 vol.66-2　№782』図書文化

7 指導観を磨く⑦
子どもは変えられない，環境は変えられる

　前節で述べたように，カリキュラムを変えることによって，今はうまく学べずにいる子が，学べるようになるのではないかと考えることで，私たちは，一つの希望を見出すことになるでしょう。

　それは，今まで，学習に参加できないことで荒れていた子どもたちの生活が変わるかもしれないという希望です。

　例えば，たびたび算数の時間に教室を抜け出したり，理由をつけては保健室へ行ったりしていた子どもが，学習に参加できるようになる。そのようなことです。

　今まで，私たちはそういう子に，「やる気を出せ」「算数の時間ばかりに，保健室に行くのはおかしいだろう？」「今がんばらないと，もっと大変なことになるんだぞ，だから逃げるんじゃない」「さあ，がんばろう」と言ってきました。

　しかし，ほとんど効果はなく，その子は相変わらず学習しているとは言い難い状況だったとします。

　あなたは，もう試せることがないと思っていたかもしれません。

　しかし，こうした子どもに対して，「まだ，やれることがあるかもしれない」と，あなたは考えるようになるでしょう。

　問題は理解できているようだけど，四則計算が苦手だから，電卓を使用できるようにしたらどうだろうか。

　四則計算は得意なのに問題が理解できないようだから，問題を読んでくれるようなソフトを使ったらどうだろうか。

　一人で学ぼうとするとすぐに飽きてしまうから，仲のよい子の隣に席を移動してもらって，「おしゃべりしながらやってみて」って言ったらどうだろうか。

　こんなことが，思い浮かぶでしょう。

第1章 「むずかしい学級」，担任のマインドセット

　しかし，それでもなお学べなかったら，微笑みながら「どんな算数の授業だったら，問題に取り組めそう？」と，尋ねてみることもできます。
　その子は，「先生の授業は進み方が速いから，ぼく，自分のスピードで勉強したいんだけど」と言うかもしれません。
　このような関わり方をすることによって，子どもの心の状態が変わるかもしれません。いえ，経験的に言うと，今まで学習からスポイルされてきた多くの子どもたちが，学びに向かうようになると，確信しています。
　更に当然ですが，学びに向かう姿が変われば，生活する態度も変わっていくのです。もちろん，この２つは本来一体のものです。
　あなたにとっても，私にとっても，関わりがむずかしいと思ってきた子どもたち。どうしたら，あの子を変えられるのだろうと思ってきた子どもたち。結論から言えば，その子を直接変えることは，かなりむずかしいことです。
　しかし，その子の環境（広い意味でのカリキュラム）を変えることはできます。しかも，環境を変えることでその子が変われる可能性は，今よりもずっと高まるのです。あわせて，子どもそのものを変えようとするよりも，環境を変えることの方が，教師の負担はずっと軽いのです。

子どもは変えられない，環境は変えられる。

8 学級経営観を磨く①
学級経営のフェーズは変わった

　2000〜2010年代初頭までの学級経営のトレンドは，統率力でした。子どもたちをまとめ，率いることが学級担任の力量なのだと語られていました。

　そこでは，「ルールの厳守」が重要であり，それを破るものには，「毅然とした対応」が大切だと語られていました。担任は，教室において，リーダーであり，インフルエンサーであり，ときには「ガキ大将」としての性格まで求められました。絶大なる権威をもって子どもたちを率いることが，要求されたのでした。担任が牽引し，「みんな仲良し」で，一糸乱れぬまとまりのある学級が，理想だと信じられていたのです。

　もちろん，こうしたことは現在の学級においても，大切な場合もあります。しかし，行き過ぎた統率が，かえって学級を乱してしまっていると指摘する研究もあります。増田修治・井上恵子（2020）によれば，学級がうまく機能しない状況の予防・回復のためには，「柔らかい学級作り」が大切だとして次のように提案しています。

①「友だち百人できるかな？」を目指させない。
②「スタンダード」に依拠しない学級作りを
③子どもの凝集性をほどほどにする。
④子どもへの言葉の二重性に気づく。（表側のメッセージと裏側の隠れたメッセージである「ヒドゥンメッセージ」に気をつける）
⑤荒れている子どもたちの内面の声を聴く。
⑥学校を，子どもにフィットするものにしていく。
⑦子どもの「自己決定権」を尊重する。
⑧学級を作るのは，子どもの力を抜きには考えられない。子どもの力に依拠して学級作りをし，子どもを学級の主人公にする。

　また，こうした提案をする前提となっている学級がうまく機能しない状態

第1章 「むずかしい学級」，担任のマインドセット

の要因を，4点指摘しています。

> 1．「発達障害」と思われる子の増加
> 2．論理が通じない子どもの増加（キレる子の増加）
> 3．子どもの群れる力を育てていない
> 4．学校スタンダードに依存（仕方ない側面もあるが，一人ひとりの子
> どもの思いをていねいに聴き取っていく力が必要）

　つまり，現在，いくつかの学級で見られる「荒れ」は，「学級崩壊」がはじめて指摘された1990年代後半の状況とは，大きく変わっているということです。

　それにも関わらず，過去のトレンドである「統率」にだけしがみついていては，かえって状況を悪くすることになってしまいます。

　言ってみれば，風邪で発熱しているのに，脚に膏薬を貼るようなものです。貼るのならまだいいのですが，それを飲み込んでしまっているくらいの感じかもしれません。

　子どもの変化によって，学級経営のフェーズは変わったのです。今，私たちは，工業社会で洗練されてきた私たちの教育技術を，絶対的なものとしてはとらえない方がよい局面にいます。

　一斉に，子どもたちに同様の指導を行い，凝集性を高め，そこからはみ出るものを，異質なものとして指摘し，同調するように求める。こうした学級経営観を手放すということです。一人ひとりが違うことを，デフォルトとして，その上でどう調和していくのかを考える必要があります。

出典：増田修治・井上恵子（2020）「『学級がうまく機能しない状況』（いわゆる「学級崩壊」）
　　　の実態調査と克服すべき課題　―1998年度と2019年度の学級状況調査を比較して」『白梅
　　　学園大学・短期大学教職課程研究』(3)，pp.11-40

9 学級経営観を磨く②
学級＝公園モデルで考える

小学校学習指導要領で，特別活動の目標は次の通りに示されています。

⑴ 多様な他者と協働する様々な集団活動の意義や活動を行う上で必要となることについて理解し，行動の仕方を身に付けるようにする。

⑵ 集団や自己の生活，人間関係の課題を見いだし，解決するために話し合い，合意形成を図ったり，意思決定したりすることができるようにする。

⑶ 自主的，実践的な集団活動を通して身に付けたことを生かして，集団や社会における生活及び人間関係をよりよく形成するとともに，自己の生き方についての考えを深め，自己実現を図ろうとする態度を養う。

上記⑴に書いてある通り，「多様な他者」が学級内に存在することが，前提として示されています。学級とは，本来そうしたものだということでしょう。もちろん，社会そのものが「多様な他者」によって成り立っているわけですから，当然と言えば当然でしょう。また，そういう意味において，学級活動は，人が社会活動を行うトレーニングの場だと言うことができるでしょう。それでは，いったい何をトレーニングしているのでしょうか。

赤坂真二（2018）は，学級経営を次のように定義しています。

①学級経営とは，学級活動とりわけその⑴を中核として充実が図られる営みである。

②学級活動で身に付けるべき力は，協働のための知識とスキル及び話し合いによる自己や集団の問題解決に主体的に関わることによって，自己実現を図ろうとする態度である。

③学級経営には指導すべき内容があり。その中核をなすのが②である。

第1章　「むずかしい学級」，担任のマインドセット

　学級経営の内容を規定したという意味で，これを重要な指摘だと私は考えています。一方で赤坂の主張していることが，現実の教室では，とてもむずかしいことであるとも，日々感じています。

　「自己や集団の問題解決に主体的に関わることによって，自己実現を図ろうとする」態度を，子どもたちに求めることは，子どもに複雑さに応じて問題解決を委ねることであり，じっくりと子どもの成長を待たなければならないということでもあります。

　私たち教師は，つい早く問題を解決し，安定的に学級を運営することを望んでしまいます。次から次へと問題が起きる「むずかしい学級」では，なおさらのことです。

　しかし，教師が，高踏的に解決方法を教示したり，「その場を収めたりする」ことでは，結果的に子どもたちに問題解決能力をつけることはできないでしょう。

　では，子どもたちの問題解決能力を高める教師の在り方とは，どのようなものでしょうか。

　以前，私は「学級＝公園モデル」というものを示しました。「教師は教示もするが，環境を整えることで，子どもたちが発達するための適切な方法やあり方について，やがて（子どもが：筆者補足）自分で選ぶ力をつけられるような学級経営を目指す」というものです。

　ここで重要なことは，「子どもたちが自分たちで生活の問題に気付ける」「子どもたちが自分たちで解決策を見つけられる」「解決策を試して，修正を加えられる」環境を，教師がある程度整えてあげるということです。

　そうした環境の中で，自発的に遊び，自分で学び，何より自身でも環境に働きかけながら，発達していける公園のように教室をすることが，今後指向すべき教室の姿だと私は考えています。

出典：赤坂真二（2018）『資質・能力を育てる問題解決型学級経営』明治図書
　　　山田洋一（2021）『子どもの笑顔を取り戻す！「むずかしい学級」ビルドアップガイド』
　　　明治図書

10 学級経営観を磨く③
教師と子どもはわかりあえない

　ここに，一つの「物語」があります。平田治が書いた『虐待された少年とともに：出会って５年・教師がみつけたこと』という「物語」です。

　主人公の田村という教師が，虐待された子どもたちと出会い，葛藤することを通して，教師としての「やさしさ」に気付いていくという「物語」です。

　この中で，主人公田村は，次のように語っています。

> 　子どもたちのそれぞれの体験や事情を聞くと驚きばかりで，正直どうしていいのかわからないのです。日々立ち止まり悩んでばかりです。でも，これだけは言えます。たとえわからなくても理解しようと努力し続けることです。

　「むずかしい学級」には，関わり方が「むずかしい子どもたち」がいます。

　そして，なぜその子たちがむずかしくなってしまったのか，事情を聞くと，壮絶な成育歴が，そこにあったりします。

　私は，そのたびにその子についてある程度のことを，知っているのにも関わらず，わかってあげることができないという失望を抱えてしまうのです。

　「一年間，学校に通っていなかったので，授業中に教えられる内容のほとんどが理解できない」という悲しさ。

　「暴言を吐けば友だちに嫌われることがわかっているのに，気付いたら『ぶちころしてやる！』と言ってしまっている」という自分への失望。

　「毎日，父母がひどいけんかをするので，家に帰りたくない」という切なさ。

　「家を出て行った大好きな母の悪口を，毎晩父から聞かされる」という，そのつらさ。

　私には，どれも本当にはわかってあげることができません。わかろうとすることで精一杯です。また，何とかわかろうとすることで，教師としての最

第1章 「むずかしい学級」，担任のマインドセット

低限の仕事を，私は保っているのかもしれません。

　そうした深く，暗い事情を抱えた子どもたちを，荒れなくすること，それはできないかもしれません。

　ガチャガチャ，グチャグチャの学級に秩序を回復することも，できないのかもしれません。授業に前向きに参加させることもできないかもしれません。

　しかし，ただひたすらにその子たちの苦悩をわかろうとすることだけは，できるかもしれません。

　池田暁史（2021）は，メンタライゼーションという心理的臨床アプローチにおける治療者の姿勢として，次のように書いています。

> 　Not-knowable stance，すなわち「わかりあえない」という姿勢。（中略：筆者）わかりあえない，だからこそわかろうとするという，知ることに開かれた姿勢。これこそが「わかっていない」という姿勢であり，「わかりあえない」という姿勢なのです。

　「児童理解」と，私たちは簡単に言います。指導が「むずかしい子」がいるときに，特にそのことが大事だと言われます。

　また，発達課題などについて話題になるとき，「障害理解」が大切などともよく言われます。

　しかし，障害を理解することで，その子をわかった気になって，そこでとどまってはいないでしょうか。

　「愛着の問題」などと言って，問題を片付けてはいないでしょうか。

　私たちは，本来，互いに「わかりあえない」存在なのです。

　どれだけ，時間をともに過ごしても，どれだけ話を聞いても，決してわかりあうことができない存在，そのことを理解しているからこそ，「終わり」なくわかろうとする。これが大切なのではないでしょうか。

　そして，これこそが学級経営という営みの核心なのではないでしょうか。

出典：平田治（2008）『虐待された少年とともに：出会って5年・教師がみつけたこと』一茎書房
　　　池田暁史（2021）『メンタライゼーションを学ぼう』日本評論社

　私の学級の保護者会は，「楽しくて，待ち遠しくなる保護者会だ」と保護者が言ってくれます。
　どんな保護者会かと言うと，大部分を保護者が話しているという保護者会です。
　私はテーマを出すだけです。
　「最近，子どもを叱ったこと」「子育て，小さな失敗」
　「自分の修学旅行の思い出」「子どもに人気のメニュー」
　という感じです。
　私は保護者が，話してくれる内容に，「わかります」とか，「それで，それで？」とかのように相槌を入れているだけです。
　最近，「子どもを叱ったこと」のテーマでは，保護者が「やっぱりゲームのことですねえ。1時間以内って，約束しているのに，私が仕事から帰ってくるのが遅いと，やっているみたいなんですよ。何時間やったか，今わかるようになっているじゃないですか。この間，4時間やってる日があって，あれは先生，どうしたらいいんですか？」なんて，話してくれます。
　私は，「そんなうまい手があったら，私が知りたいくらいですよ」というと，保護者は笑い出します。
　「ただ，やっぱり，隠したり，風呂に沈めたっていう親御さんも知っていますけど，子どもとの関係が悪くなるだけで，よくないみたいですねえ。一番効果があるのは，それ以外にやることをつくるっていうことみたいです。スポーツするとか，友だちと遊ぶとか」
　「そうなんですねえ，じゃあ，もう少年団に入れようかなあ」
　「まあ，そんな理由で入ってこられても，監督も困るとは思いますが……」
　というと，また，保護者たちは笑います。

第2章
「むずかしい学級」,出会いのアプローチ

1 出会い前夜のアクションガイド

　校長室で「担任を頼む」と言われると、最初は「いやだなあ。大変そうだなあ」という感情が自然にわき上がってきます。
　それは、その子たちが好きとか嫌いとかではなく、ましてや教師という仕事がいやだとかいうことでもありません。
　「あの学級、傍目で見ていても大変そうですよね。そこを自分がもつんですかあ。自信が……」と不安でいっぱいになるのです。
　そして、不安はそのままにしておくと、どんどん膨らんでいきます。
　小さな不安には、「磁石作用」があります。
　一つの不安が、もう一つの不安を引き寄せてしまうのです。
　「むずかしい学級の担任かあ。やりきれるかなあ」と、不安が一つ。
　「私、子育て真っ最中だよ」、「家族の協力も期待できないし……」、「あのクラスって、たしか暴力的な子がいるんじゃなかったっけ？」……と、たくさんの不安が、勝手に集まってきます。
　不安は、「暴走」して、どんどん大きな不安になっていきます。
　始業式までに、あなたの意欲は下がり、当日は不安なまま、子どもたちとの「出会い」に臨む。こんなことになってしまいます。
　それを防ぐ方法が、2つあります。
　1つ目は、あなたの不安の原因がなんであるのかを、考えるということです。
　自分の学級経営の仕方が有効なのかどうかがわからなくて、不安。
　自分の家族の協力が得られるのかがわからなくて、不安。
　学年をともに組むのがどんな教員なのかが今ひとつわからなくて、不安。
　あなたは、こう言うかもしれません。これでは不安を解消するのではなく、不安があることがかえって明らかになっただけではないですか、と。

第2章 「むずかしい学級」、出会いのアプローチ

　まったく、その通りです。しかし、結局「わからない」から不安なのだということがわかれば、やれることもまた見えてくるのではないですか。
　そうです、不安を解消するための2つ目の手段は、「わからないこと」が原因だとわかったら、知るために行動を起こすということなのです。
　担任を告げられたら、まず「むずかしい学級」の子どもたちについて知るための行動を始めてください。できれば、不安が大きくなる前に、この行動を起こしましょう。
　不安より速く、前に走り出す気持ちで。

**不安を手放すには
知ることが大切。**

1 告げられた次の日から関わる

　校長に，担任をしてほしいと言われた次の日から，自分の状況にあわせて，その子たちと関わることが大切です。

　あなたが，現在担任をもっているとしたら，職員室から現在の教室に行くまでの間，担任をもつことになったクラスの前を必ず通ってから行くようにしてみてください。

　この時に大切なことが３つあります。

　１つ目は，その子たちと自分との共通点を探すということです。

　例えば，こんな感じです。

　教室に入れない子が，廊下にいたりします。素早く，関わりのきっかけになるようなことを，探します。

　着ているＴシャツがキャラクターをあしらったものであれば，「あ，それ，かわいい！」とか，「先生も，それ好き！」と話しかければいいのです。

　サッカーチームのユニフォームを着ていれば，「サッカー好きなの？」と声をかけることができます。そして，「先生の好きなチームはねえ……」と

第2章 「むずかしい学級」, 出会いのアプローチ

話を続ければよいのです。

　2つ目に大切なことは, その子に対して誠実であることです。例えば, その子が持っているものが, サッカー用品ばかりで, 自分はサッカーに興味がないのに, 「サッカー, いいよね」なんて言わないことです。

　興味のないことを興味のあるように話す必要はありません。先は長いのです。そんなことは, すぐにばれてしまいます。ですから, そのままのあなたで接することが大切です。

　だからと言って, 「興味がないんだよねえ」なんて言うことは, いけません。「サッカーのこと, よく知らないから, 私に教えてくれる？」とお願いすればいいのです。

　3つ目に大切なことは, その子と関われる嬉しさを, 真っ直ぐに表すことです。ちょっと思い出してみてください。あなたは, 知らない子どもたちとの出会いが不安だったではないですか。

　それが, 少しずつその子たちのことがわかってくる。関わったり, 話をしたりしたからではないですか。

　それは, とても喜ばしいことのはずです。そして, その喜びの感情は, 必ず子どもたちに伝わります。

　子どもたちは, あなたが喜んでいることに必ず気付いて, 更に自分のことを話してくれるようになっていきます。

　サッカーのことをよく知らないあなたに, サッカーを教えることを楽しみにさえ, することでしょう。

　そうしたあなたとのコミュニケーションを楽しんでいる子が, あなたが次の学級担任だと知ったとき, どのような感情をもつでしょう。

　それは, もう想像がつきますね。「むずかしい学級」を担任するにあたって, マイナスからの出発だと覚悟していたあなたが, プラスからスタートできるわけです。

2 「指導」せずに，解きほぐす

　あなたが，次に担任をするだろう学級の前を通るようにするとします。
　ときどき，目に余るような子どもの行動が目に入ることがあります。
　例えば，子ども2人が喧嘩をしていて，取っ組み合いになっている。こんな場面に遭遇することもあります。
　そんなときは，「何をしている！　暴力をふるって！」などと強い言葉で「指導」しては，絶対にいけません。
　ここは，指導のチャンスではなく，その子たちとの関係づくりができる幸運な場面だと思いましょう。
　その関係づくりに必要なのは，「不適切な行動」の「指導」ではありません。「解きほぐし」です。
　まず2人を引き離し，そのうちの一人をあなたが引き受けましょう。
　十分に時間をかけ，落ち着くのを待ちます。このときに，過覚醒（興奮）の状態が，どれくらい続くのかも，さりげなく時計で確認しておきます。今後のその子の成長の指標になります。
　落ち着いたら「ずいぶんといやなことがあったようだね。あれだけ怒っているんだから，君にとって相当いやなことだったんだろうねえ」と，語りかけましょう。
　「もしもよかったら，どんなことがあったか教えてほしいな。別に先生は，事情もわからないのに，きみを叱ることはないし，叱りたいわけでもないんだよ。ただ，きみが苦しい思いをしているなら，その一部だけでも，知れるといいなあと思っているんだ」と，伝えるようにします。
　それに対して答えてくれれば，どんな答えであっても「それは，苦しかったねえ」「腹が立ったねえ」と受け止めます。
　しかし，答えてくれなくても構いません。「言いたくないことは，言う必要はないよ。でも，何か話す気になったら，今度会ったときにでも教えてね」と，その子との関係づくりの第一手を打ちます。

第2章 「むずかしい学級」、出会いのアプローチ

　重要なことは「取っ組み合いのけんか」を「指導」し、今後「なくす」ことではないということです。
　その子たちにとっては、取っ組み合わなければならない「何らかの事情」が、そこにはあったのでしょう。
　いきなり取っ組み合ったのではありません。
　そうだとすれば、その事情が何であって、その事情によって、なぜ取っ組み合ってしまったのかということを、理解することが肝要です。
　また、事情を知った上で、「そういうことが起きたときに、君はこういう感情になってしまったんだね。それは、当然だよ。先生だって、そうなってしまうよ。なるほどなあ。それで、次に同じことがあったら、どうしていくといいだろうね」と、ともに考えていくことが重要です。
　教師と子どもとの関係が壊れ、指導が機能しなくなる状態に陥るのは、多くの場合、こうした子どもの一見不適切と取れる行動の「解きほぐし」をないがしろにしたときです。
　「事情の確認」をし、「心情の肯定」をした上で、「相談」をすることが、大切なのです。

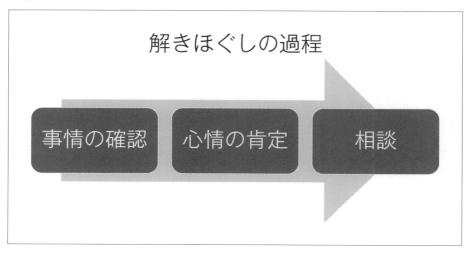

65

3　引継ぎ情報をもとに備える

「頑張らないクラスづくり」を提唱する小野領一（2018）は，前担任からの引継ぎ事項について，次のように主張しています。

> 子どもの引継ぎのすべてを鵜呑みにするのではなく，指導上留意しなければならないことと，その子どものよいところを把握して，子どもたちとの出会いに備える。

　私も，同様に考えています。子どもたちとの出会いを前にして，大切なことは「鵜呑み」にせずに，自分の目で見ることでしょう。
　ところで，引継ぎとは何のためにするのでしょうか。
　それは，新しい担任になったとき，子どもたちが成長できるような環境を，早期に整えるためのはずです。
　ですから，ごく簡単に言ってしまえば，子どもの成長につながらないようなことは，記憶にとどめなくてもよいということです。
　しかし，引継ぎの段階では，何が貴重な情報なのか，そうでないかは，よくわからないというのが実際のところなのです。
　例えば，前担任から「こういうところのあるお子さんですよ」と，引き継がれていたとします。
　それが，はじめの２か月にはまったく見られなかった。それなのに，７月になってから，前担任の言っていたことが急に目立ち始めたなんていうことは，しばしばあることなのです。
　そういう事態になってから，もっと早く予防策を打っておけばよかったと思うのは，とても残念なことです。
　ですから，前担任の引継ぎは，「鵜呑み」にしないけれど，よく聞くことが大切なのです。
　もう一つ，小野は「よいところを把握して，子どもたちとの出会いに備える」と書いています。この「備える」とは，どういうことなのでしょうか。

第2章 「むずかしい学級」，出会いのアプローチ

私の場合は，次のように備えます。

　まず，子どもたちへのファーストメッセージに引継ぎ情報を込める。

　例えば，始業式の日に，一人ひとりに手紙を渡すとします。その中に，「○○さん，字がとてもきれいなんだってね。○○さんの書いたノートを見るのを今から楽しみにしています」のように書くのです。これは，当然前担任から引き継がなければわからないことです。

　子どもは，「どうしてそんなこと知っているのだろう」と思うと同時に，「新しい担任は，はじめから私のことを好意的に見てくれているんだ」と感じることでしょう。

　これが，新学期のスタートに悪く影響するわけがないでしょう。

　さらに，その子が「先生，どうして字がきれいだって知っているの？」と，尋ねてくるようだったら，まっすぐに答えるようにします。

　「あなたの前の担任だった○○先生から，うかがったんだよ」と。たとえ，その子と前担任の関係が，あまりよくなかったとしても，まっすぐに答えます。過去の事実を変えることはできませんが，過去の印象を変えることはできます。つまり，過去は変えることができるのです。

　その子と前担任の人間関係が悪かったとすれば，その子も苦しんだに違いありません。

　新担任として，その苦しみを少しだけ和らげることはできそうです。

　「色々あったけれど，先生は私のことを評価してくれていたんだなあ」と感じることは，その子の人生において，マイナスではないはずです。

　過去の苦しみまで背負うことが，新しい担任としての仕事とは思いませんが，その子のために何かができるのなら，してあげたいと思います。

　以上のようなことが，私がしている「備える」ということの一つです。

出典：小野領一（2018）『学級崩壊崖っぷちでも乗り切れる！　頑張らないクラスづくりのコツ』明治図書

4 引継ぎ情報を初期システムに生かす

　確かに，引継ぎでは，「子どものよいところ」に着目するのが，次の担任の在り方として望ましいと思います。

　しかし，小野（p.66参照）が言うように「指導上留意しなければならないこと」は，やはり重要です。

　この場合，「指導上留意しなければならないこと」とは，配慮しなければ，著しく学級経営が困難になるとわかっていること，児童の安全，安心が保てないことの意味でしょう。それらを無視することは，できません。

　例えば，引継ぎのときに，「日程に変更があると，落ち着かなくなるお子さんがいるよ」ということが伝えられたとします。

　そんなときは，日程や時間割に変更がある場合は，前日から，あるいは遅くても，その日の朝に知らせ，本人ともよく話して，落ち着かなくなったときの対処方法などを，相談しておく必要があるでしょう。他の子どもたちが，その子のことをどう理解し，受け止め，対応しようとするのかも，やはり重要なことです。また，そのことをいつ子どもたちに話し，確認，指導するのかも，ある程度計画しておく必要があります。保護者の理解についても，配慮すべきでしょう。

　他にも，当番のシステムについて，前年度の取り組み方が，どのようなもので，子どもたちの参加度合いがどのようなものであったかも，重要な情報です。週が変わり，当番の役割や内容が変わると，それに対応できない子どもがいる。一緒の班で当番活動をすると，刺激し合って頻繁にトラブルになるような子どもたちについても，事前に把握しておくことが必要です。

　その程度，質によって，対応がまったく変わってきてしまうからです。概ね次のようなことです。

第2章 「むずかしい学級」，出会いのアプローチ

○トラブルの程度が軽い

・事前に役割を明確に（何を，どの程度するのか）示し，しっかりと
できたことや改善点を明確にして，教師や他の児童からのフィード
バックを行う。

・トラブルが多いと言われている子どもたちに，同じ仕事をお願いし，
「協力できたこと」にフィードバックを与える。

○トラブルの程度が中程度

・上記のことに加え，教師もともに掃除を行い，当番中のフィードバッ
クの頻度を増やす。（「○○してくれてありがとう」「いま，○○
してくれているでしょう。助かるよ」）

○トラブルの程度が重度

・当該児童を同じ班にしないように配慮し，当番活動のような長い時
間での同一活動ではない，協働場面を積み重ねる。（例：短い文章
を一緒に音読，算数の問題の解き方を短時間で伝える，など）

　一応，このようなことになるわけですが，ここに示したことは「鉄則」，
「法則」と名付けられるようなものではありません。あなたの学校が「縦割
り班清掃」を実施していれば，上のようなことに加え，違う要素が混ざり込
むわけですから，更に複雑な配慮が必要となるでしょう。

　さて，「指導上留意しなければならないこと」を，前担任から聞くことは
大事です。それを記録することも記憶しておくことも，とても重要です。

　しかし，そこまでしても担任の業務として30％くらいの達成度なのです。
そこから，教師自身ができること，できないこと。学校のシステムとして，
できること，できないことを考慮して，指導方針と計画を立てます。それで，
70パーセント。実際にやってみて，不都合や新しい人間関係になって生まれ
てくる様々な課題に対処する。それで95パーセント。

　100パーセントにならないのは，あなたも子どもたちも人間。いつも完璧
な生活ができるわけではないからなのです。

69

出会いのアクションガイド

　学級経営の初期指導の重要性を説く主張は，挙げたらきりがありません。
　それは，多くの教師が長年にわたり，実践的に研究を積み重ねた成果と言えるものです。
　私も，同様に初期指導の重要性を痛感している者の一人です。
　なぜかと言えば，人は第一印象を覆しにくいという性質をもっているからです。
　吉川肇子（1989）は，第一印象の残りやすさについての検討を行っています。その結果，ネガティヴな情報を与えられた方が，ポジティヴな情報を与えられた方より印象に変化が少なく，印象が残りやすかったということを確かめています。
　さらに，ネガティヴな評価の印象（悪印象）はポジティヴな評価の印象（好印象）よりも覆しにくく，時間が経過しても持続しやすいことを実験により明らかにしています。
　つまり，人との出会いにおいて，一度「いやだなぁ」と思われてしまうと，その後，それが好印象に転換しにくく，嫌われたままであることが多いということです。
　学級経営に，これをひきつけて考えてみましょう。何を言いたいのかもうおわかりですね。最初に，担任や新しい学級に「悪印象」をもってしまうと，それを覆すことがとてもむずかしいということです。
　私たちは，出会いの場面で，子どもたちが受け取る担任や，学級の印象に注意深くある必要があるということです。
　しかし，ここで注意してもらいたいことがあります。それは，はじめの3日間，1週間，1か月を乗り切れば，その後の学級経営は何をしてもいいし，何が起きたとしても，楽ができるということではないのです。

第2章 「むずかしい学級」，出会いのアプローチ

　吉川は，「ポジティヴ条件では，反対情報によってネガティヴになった印象は1週間経過してもネガティヴなまま持続していたことを意味する。一方ネガティヴ条件については，反対情報によっていったんはややポジティヴになった印象が，1週後にはもとのようなネガティヴな印象に戻ったことを示す。つまり，両条件ともに，悪印象は好印象よりも，持続しやすかった」と書いています。

　このことから，たとえ学級経営の初期に子どもたちがポジティヴな印象をもっていたとしても，それがいったん悪印象に変わると，それを覆すことはやはりむずかしいということになります。

　つまり，学級経営においては，どの時期も重要であることに変わりはないということです。当たり前と言えば，当たり前です。

　しかし，それでもなお私は，初期指導は重要だと考えています。それは，当然でしょう。ネガティヴな第一印象を覆しにくいのであれば，はじめからネガティブな印象をできるだけもたれないようにするのが，担任の戦略として妥当であると考えられるからです。

　やはり，出会いの時期の指導は重要なのです。

出典：吉川肇子（1989）「悪印象は残りやすいか？」『実験社会心理学研究　第29巻　第1号』

1　初期の学級アセスメント45のポイント

　「むずかしい学級」といっても，その「むずかしさ」は多様です。
　まずは，どのようにその学級が「むずかしく」なったのかを観察し，評価する必要があります。
　その際に，ヒントとなる重要な研究があります。河村茂雄ら（2004）は，いわゆる「崩壊」に至る学級の「崩壊のしかた」にはタイプがあるということを明らかにし，また，Q-Uアンケートの結果プロットによって，崩壊がどの程度進み，崩壊状態がどのようなものであるかを分析しています。
　特に崩れのパターンには，次のようなものがあると柏谷貴志（2004）は言います。

　　・リレーション形成不足のクラスでの崩れのパターン
　　・ルール形成不足のクラスでの崩れのパターン
　　・リレーションとルール形成不足のクラスでの崩れのパターン

　以上，3つの崩れのパターンを挙げ，更に「特別な要因がからむ崩壊クラスの理解と対応」についても言及しています。その中には，「小規模校，単学級でクラスがえがない場合」，「集団全体にマイナス行動が定着している場合」，「学級に影響力の大きなインフォーマルなリーダーがいる場合」があると言います。
　また，それぞれのパターンについて，どう理解し，どのような対策を打てばよいのかも具体的に提案しています。
　これらの研究成果，また引継ぎ内容，前担任のパーソナリティー，また最も重要なあなた自身の観察，評価などを考慮に入れて，あなたの学級のアセスメントをすることが重要です。
　特にあなたの観察は重要です。あなたが今年の担任であって，子どもたちもあなたとの関係性のもと，行動するわけですから，新たな姿を見せる可能性があります。しかし，どこをどのように観察するかは，実はとてもむずか

第2章 「むずかしい学級」, 出会いのアプローチ

しいところです。

　なぜなら, 現象面で同じ姿をしていても, その原因はまったく正反対ということが教室ではあるからです。

　例えば, 授業中の発言が極端に少ないということがあります。

　その場合, 大雑把に言っても次の2つの要因が考えられます。

・前担任が厳しすぎる指導をしたため, 学級が硬い雰囲気を保っており, 間違いを恐れて, 発表しない。

・前担任が優しすぎる指導をしたため, 「陰のリーダー」が存在しており, その目を気にして, 発表しない。

　一見, 同じ現象が起きていても, その原因はまったく反対の場合とは, このようなことを言います。

　また学級編成があったのか, なかったのかによっても, 学級に対するアセスメントは大きく変わります。

　こう書くと, いったい何をどう見てアセスメントすればよいのか, なおさら戸惑ってしまいます。

　しかし, やはり視点というのはあります。次のような点に留意して, 初期観察するとおよそのことがわかってきます。

◎**初期の観察視点**

(1)　主にルールに関わること

	観察の視点	◎	○	△
①	下駄箱の靴が整然と並んでいる。			
②	教師にあいさつをする。			
③	教師に呼ばれたら返事をする。			
④	教師に敬語が使える。			
⑤	始業時, 座っている。			
⑥	始業時, 学習用具が, 机の上に準備されている。			
⑦	筆記用具が, 過度に逸脱したものではない。			

		◎	○	△
⑧	絵の具セットや，体育帽子などがそろっている。			
⑨	廊下で遊んでいたり，奇声を発したりしていない。			
⑩	「からかい」や「いじり」がない。			
⑪	ボールや教室においてあるオルガンなどを占有する子どもがいない。			
⑫	整列にかかる時間が短い。			
⑬	整列後の私語が少ない。			
⑭	起立や着席の様子がきびきびとしている。			
⑮	挙手するときの腕がピンと伸びている。			
⑯	発言の声が大きい。			
⑰	給食，掃除などの当番活動が時間内に終わる。			
⑱	発言のしかたに，「型」がある。			
⑲	ノートの書き方に「型」がある。			
⑳	子どものロッカーが，きれいに使われている。			
㉑	机の横にかけられているカバンなどが乱れていない。			
㉒	机の中がきれいに保たれている。			
㉓	教室にごみが落ちていない。			
㉔	机がまっすぐに並んでいる。			
㉕	物の扱いが丁寧だ。			

(2)　主にリレーションに関わること

	観察の視点	◎	○	△
①	子どもたち同士があいさつを交わす。			
②	自分の趣味・嗜好を伝え合っている。			
③	ひそひそ，こそこそ話をしている子どもがいない。			

第2章 「むずかしい学級」，出会いのアプローチ

④	教師に関わってくる子どもと，そうではない子の頻度に差がわりとない。			
⑤	小グループがあったとしても，それらが友好的で，行き来がある。			
⑥	「お隣さんと相談して」というと，さっと交流が始まる。			
⑦	困ったことを相談し合っている。			
⑧	子ども同士が目を合わせている。			
⑨	男女の仲がよい。			
⑩	当番活動を手伝おうとする子どもがいる。			
⑪	授業中，教師と目が合う子が多い。			
⑫	授業中の子どもたちの発言量が多い。			
⑬	休み時間，一人ぽっちでいる子どもがいない。			
⑭	有志による係活動が盛んだ。			
⑮	昨日の放課後に，友だちと遊んだことを報告してくる子が多い。			
⑯	けんかが起きたとき，仲裁に入ろうとする子どもがいる。			
⑰	誰かの目を気にするような言動がない。			
⑱	プリントを後ろに回すときに，子どもなりの配慮が感じられる。			
⑲	休んでいる子どもの机上のプリントを整理してくれる子がいる。			
⑳	人の持ち物を丁寧に扱っている。			

出典：河村茂雄他企画・編（2004）『Q-U による　学級経営スーパーバイズ・ガイド　小学校編』図書文化

柏谷貴志（2004）「リレーションとルールの形成不足のクラスに見られる様々なパターン」『Q-U による学級経営スーパーバイズ・ガイド　小学校編』図書文化

2 嫌われてはいけない

あなたは，むずかしい学級の子どもたちと一年を過ごすわけですから，ときには言いにくいこともしっかりと言い，毅然とした態度で向かい合い，厳しい指導も，しなくてはいけないと覚悟していると思います。

もちろん，そうした場面はこれから一年の間に，何度もあるでしょう。

しかし，絶対譲ってはいけないのは，子どもに嫌われないということです。

子どもを甘やかせとか，御機嫌をとれと言うのではありません。嫌われてはいけないのです。

ときにあなたの指導は，「甘い」とか，「徹底できていない」と周囲から非難されるかもしれませんが，ここだけは譲ってはいけません。

例えば，コップを一つ思い浮かべてください。

それは，粉々に砕けています。むずかしい学級の子どもたちに，指導をするということは，この砕けたコップに水を注ぐようなものなのです。

もう，おわかりですね。

「割れたコップに，水を注ぐことはできない」

これを，あなたはこの一年間しなくてはなりません。

まずは，このコップにしずくの一滴でも貯められるように，コップを修復しなくてはならないのです。

それは，少しでもあなたが子どもたちに好かれること，好感をもたれることから始まります。

竹内史宗・三宮真智子・遠藤由美（1990）は，児童の教師に対する好悪感情と，しかりへの認知の違いを検討しました。

その結果，教師に好感をもつ児童は，しかりを比較的素直に受け止められたのに対し，好感をもたない児童はしかりを受け入れにくいということを明らかにしました。別言すれば，「嫌いな先生の言うことなんか，聞けるか！」と，子どもは思っているということです

たとえ，大切なことだから「しっかりと叱って教えなければならない」

第2章 「むずかしい学級」，出会いのアプローチ

「ここは厳しく，毅然とした態度で指導しなくては」と，教師が思っていたとしても，子どもに嫌われていたら，それが受け入れられることはなく，指導効果は，結局「ゼロ」ということになるわけです。

いえ，むしろ子どもに好感をもたれていなければ，指導の効果はなく，その上，悪感情だけが益々高まるので「マイナス」とまで言えます。

「あの人は，子どもに嫌われたくないのよ」と，他の教師を非難する言葉を聞きます。しかし，これはまったくお門違いの非難です。

もちろん，嫌われたくないからまったく指導しないのは問題です。しかし，有能な教師は，指導の場面はもちろん，日常から嫌われないように，またできれば子どもたちに好かれるように，細心の注意を払っているものなのです。

好感情をもたれている教師の指導は通りやすい。

出典：竹内史宗・三宮真智子・遠藤由美（1990）「小学生の教師に対する好悪感情と叱り言葉」
日本教育心理学会第32回総会発表論文

3 リレーションとルールを，一本化する

　横藤雅人（2011）は，機能する学級経営の手順に関して，教育の縦糸と横糸からなる「織物モデル」を提唱しています。縦糸とは，「教師と生徒の上下関係を基礎とする関係づくり（しつけや返事，敬語，ルールなど）」で，横糸とは「教師と子ども（子どもと子ども）のフラットな心の通い合いを豊かに絡ませて」いくことと説明しています。

　また，横藤と野中信行（2011）は，まず縦糸を張り，それから横糸を張ることをしていくことが重要であると指摘しています。

　こうした指摘は，教育実践研究において異口同音に語られるところです。例えば，諸富祥彦（2011）は，「二つの原則，①ルールの確立と，②あたたかい人間的交流の二つは，決して矛盾するものではない，ということである。①の『ルールの確立』によって安心して学級生活を送るようになることが，②の『お互いが認め合えるポジティブな人間関係づくり』につながっていく」と，主張しています。

　教師行動の質を「縦糸」と「横糸」の2軸でとらえ，あわせて指導においては「縦糸→横糸」という順序性があることは，学級経営のスタンダードと言ってよいでしょう。

　もちろん，学級経営とはいったい何を，どう指導するのかわからない混沌状態から，この2軸を立て，教師行動を分析し直すことは，重要なことです。

　しかし，私は，この2軸をもう一度縄のように「一本化」してとらえることを提唱したいと思います。

　なぜかと言えば，縦糸を張ることには，その前にある程度の横糸が張られていることが必要だと考えるからです。「むずかしい学級」の初期指導においては，特にそう感じることが多いです。

　みなさん，少し想像してみてください。始業式の日，あなたが，教室に入ろうとすると，廊下でウロウロしている3人の男子がいました。

　「教室に入ろう？」と声をかけます。

第2章 「むずかしい学級」，出会いのアプローチ

　3人は，互いに目配せしてニヤニヤ笑いながら，入る気配を見せません。

　そんなときに，ふと頭に「まずは縦糸を張る」という言葉がよぎります。「これから，始業式だし，私が自己紹介するから，とにかく中に入りなさい！」と，強く指導します。

　ところが，一向に入ろうとしません。いわゆる指導が通じない状況に，始業式の朝から陥ってしまうのです。

　指導がむずかしい子どもは，教師との人間関係がある程度できないと指導が通りません。

　また，前年度，学級が荒れてしまい担任教師との関係が悪化している場合も，同様です。

　多くの子どもたちが，反抗してくる。あるいは反抗はしないけれど，まったく指示に従わないということが，あったりします。

　こうした状況で，「どうして，指示通りにしないんだ！」と声を荒げたとしても，状況は悪くなるばかりです。

　中には，「先生の言うことを聞かなくっちゃ」と思っている子どももいます。しかし，そうした学級では，他の子どもの目を気にして，自分だけが正しい行動を取ることが，むずかしくなっています。

　そんな状況の中で，強く縦糸を通す指導をしても，逆効果であることは想像に難くありません。

　だとすれば何ができるのでしょうか。

　それは，横糸を太くするということです。

　教師と子どもの温かな関係をつくりつつ，縦糸を通すことが肝要です。

　縦糸を通したかったら，その10倍横糸を通す必要があるのです。

出典：横藤雅人・野中信行（2011）『必ずクラスがまとまる教師の成功術！：学級を安定させる縦糸・横糸の関係づくり』学陽書房
　　　諸富祥彦（2011）『チャートでわかる　カウンセリング・テクニックで高める「教師力」第1巻』ぎょうせい

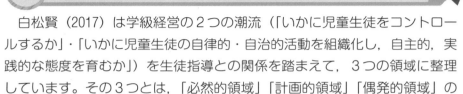

4　三領域の指導の違いに留意する

　白松賢（2017）は学級経営の2つの潮流（「いかに児童生徒をコントロールするか」・「いかに児童生徒の自律的・自治的活動を組織化し，自主的，実践的な態度を育むか」）を生徒指導との関係を踏まえて，3つの領域に整理しています。その3つとは，「必然的領域」「計画的領域」「偶発的領域」のことです。

　白松は，この3つの領域では教えることが違い，その教え方にも違いがあることを指摘しています。

　このうち，「必然的領域」の指導には，「自己と他者の人格を尊重する言動・行動を増やし，自己と他者の人格を傷つける言動・行動は許さない，という指導の徹底」が必要だと言います。

　もちろん，私が前述したとおりに「縦糸を通したかったら，その10倍横糸を通す必要がある」ことは，間違いがありません。また，横糸が通っていない状態で，ルールの指導を徹底しようと思っても成立しづらいことも，確かです。

　しかし，だからと言って他害行為や暴言が許されるわけはありません。

　ですから，白松が言う「必然的領域」の指導においても，「絶対に許されないことです」と，しっかりと言うことが必要です。いわゆる「毅然とした指導」が必要な領域ということになります。

　さらに，ここで重要なことは，「毅然とした指導」というのが，大きな声を出すことや，子どもを脅すことと同義ではないということです。

　毅然とした対応というのは，「動じない」指導ということなのです。

　例えば，ある子どもが誰かに向かって，「死ね」と言う言葉を使った。一番いけないのは，そのまま見過ごすことです。

　必ず，「ちょっと待って」と言います。

　そして，「今のは，『死ね』っていうくらいに腹が立ったっていうことだよね。それなら『とても腹が立った』って言って。『死ね』っていう言葉は，

第2章　「むずかしい学級」，出会いのアプローチ

人に使っては，いけない言葉なんだよ。」と，静かに言います。
　これくらいでいいのです。学級経営の初期段階では深追いする必要はありません。
　しかし，見過ごさずに，その場で「ちょっと待って」と止めることが，大事です。指導がむずかしい子どもならば，「死ね」という言葉を言ったこと自体を否定しますが，それでもかまいません。
　「『死ね』という言葉を使ってはいけない」ということを，伝え続けるのです。
　言い続けることが，つまりは「動じない」ことを具現した姿なのです。
　そして，このことは周囲の子どもたちにも，影響を及ぼします。
　「〇〇先生は，ひどい言葉については絶対許さないんだ」と，思わせるのです。このことは，まだ起きていない人権に関わるトラブルを予防することにも，当然なるわけです。

出典：白松賢（2017）『学級経営の教科書』東洋館出版社

5　保護者対応は，先手を打つ

　始業式の日は，朝から帰りまで，子どもの行動を注視します。
　この日大切なことは，子どものよさを見つけるということです。
　特に，前担任から「要注意」と言われた子ども，全校で「有名」な子ども，前担任との折り合いが悪かった保護者の子ども，そうした子どもたちの行動に目をつけます。
　小さなことでよいので，その子のよさを見つけるようにします。
　「あいさつを，大きな声でした」ではなくて，いいのです。
　あなたがあいさつをしたら，「目を合わせた」でもいいのです。
　下駄箱の靴がそろっていた。友だちが集まってきていた（友だちの信頼を集めている）。配付されたプリントを，丁寧にたたんだ。
　こうした些細なことでいいのです。
　それを，できればすぐに本人に伝えます。
　短い時間で，「さっきの○○さんの行動に感動したよ」のように伝えます。
　更に，その日のうちに保護者に電話します。
　前年度に，子どもたちのいわゆる「不適切行動が頻繁だった」という場合，保護者の学校に対する心象は，2通りに分かれます。
　一つは，「大変申し訳ない」。もう一つは，残念なことですが，「なぜうちの子ばっかり。うちの子だけが悪いわけではないのに」というもの。大きくいってこの2つです。
　双方の保護者とも，「学校からの電話を受けるのが，本当にいやだ」というのが本音です。中には「わざと出ない」と，打ち明けてくれる保護者もいます。
　保護者として，当然の心象だと思います。
　つらくてたまらないのです。
　さて，そうした保護者に初日から電話をします。伝えることは，シンプルでよいです。

第2章 「むずかしい学級」,出会いのアプローチ

「新しく担任になった○○です。一年間どうぞよろしくお願いします。今日,□□さんの行動で,とてもうれしいことがあったので,お電話しました。今日,○○○をしているときに……それで,私はうれしくなって,電話を差し上げたくなって……それでは,一年間よろしくお願いいたします。」
　こんな伝え方をします。
　もしも,保護者が「ほっとしました……」というような言葉を使ったら,「どうしてですか？」と尋ねてもよいでしょう。
　そうすると,昨年の出来事や担任との関係を話してくれる場合もあります。
　あなたが知っていること,前担任から聞いたことと齟齬があるかもしれませんが,それを否定したり,正したりしてはいけません。
　人は,その人にとっての「物語」を語るのですから。
　主に使う言葉は,「そうなんですねえ」「それは,おつらかったでしょう」の2つです。
　そして,ただ聴くことに徹します。
　こうした電話を,できれば最初の一週間で,全家庭にします。
　確かに,忙しい時期ではありますが,その忙しいときにかけるこの電話が,今後の保護者対応に割く時間を,50パーセント削ります。

保護者は,先手を打つ。

83

6　学級生活の意味を話す

「学校なんて、だるいし」「授業なんて、なくなっちゃえばいいのに」
こんな声が渦巻くのが、むずかしい学級です。

しかし、私たちはその声を聞きながら、譲れないことを伝え続けなければなりません。

子どもたちが担任の話を聞くことが、むずかしい状況もあるかもしれませんが、ポスターに掲示する、スライドにして見せるなどして、繰り返し学級生活の意味を伝え続けます。

内容は、次のようなことです。

> 誰でも、苦手な人はいます。全員が、親友というのは、理想的ですが、現実には難しいです。みんなが「仲良し」である必要はありません。みんな違う人間だからです。集団である以上、相性がいい人も、よくない人もいるのが当たり前です。ですが、そんな35名の人たちが、2年間、同じ教室で過ごすのには、目的があるからそうなっています。どんな、目的でしょうか？　それは、どんなに苦手な人とでも、気が合わない人とでも、一緒に生活する力を君たちがつけるということです。気の合わない人とでも、学習したり、仕事をしたりすることを練習して、できるようにするということです。気が合わなくても、協力はできる。そういう力がこれから必要だからです。自分と気の合う人たちだけしかいませんというような学級に、これから君たちが所属するなんていうことは、考えられないからです。学級だけではありません。部活動でも、委員会活動でも、大人になって会社に入っても、そうです。どんなメンバーとでも、うまくやっていく力と自信をつけるために、学級生活があります。

こんなふうに話すと、やんちゃな子が「先生も、嫌いな先生はいますか？」なんて質問してきます。

これには、私は正直に答えます。

第2章 「むずかしい学級」，出会いのアプローチ

「『嫌いだ』とは思わないようにしています。ただ『苦手だなあ』と思う人はいます。『関わりにくいなあ』と思う人もいます。でも，その人とも仕事をするときは笑顔で，協力しているつもりです。相手に嫌な思いもさせていないと思います。でも，人間関係で失敗することは50歳になってもありますね」と答えます。

「苦手なのは，誰ですか？」と，更に聞かれる場合もあります。

そのときは，「それは言いたくありません」とだけ，真顔で答えます。

さて，更に続けます。

「気が合わない人と，学習したり，仕事したりするのですから，うまくいかないことが多いです。それも，当たり前です。もめたり，嫌な思いをしたり，ときにはけんかになったり。しかし，これは，人とうまくやっていくための練習です。練習は，うまくいかないことをうまくいくようにするためにします。ですから，大切なことは，練習をやめないこと，『もう無理』ってあきらめないことです。でも，人は弱いから，そういう気持ちになるのも，ふつうです。諦めそうになったら，先生のところに来てくださいね」

学年に応じてアレンジして，このような話をします。

このことは，子どもに話している一方で，担任である自分に言い聞かせているという側面もあります。

むずかしい状況が目の前で展開しても，その子を「悪い子だ」などと評価するのではなく，「この子は今は練習しているんだから，今できなくてもいい」と，自分に言い聞かせるのです。

また，子どもたちは前年度の荒れた状況の中で，どの子もがんばり，傷ついています。そうした子どもたちへのケアの意味もあります。

そもそも，「人間関係はむずかしいんだよ」というメッセージを伝えているのです。

だから，「小学生が，人間関係でうまくいかないなんて当たり前，大人である担任だってむずかしいんだよ」と伝えてあげるのです。

85

7 一人ひとりとつながる時間を確保する

　初期の学級経営において、全体として「横糸より、まず縦糸」「リレーションより、ルール指導」が、優先される場合があることは確かです。

　しかし、それを意識しすぎてしまうと、全体でルールや生活の仕方を確認する一斉指導の場面ばかりが、重要であるように感じてしまいます。

　また、ルールの確立という指導の性格から、それは主に到達度や達成度で測られることが多いようです（早く並べた、提出物がそろった　など）。

　そうなると、全体として、厳しい指導が多くなってしまい、息苦しい学級の雰囲気をつくってもしまいます。

　先述の通り、むずかしい学級でルールの確立をするには、横糸を通すことも大切なのですから、ルールを確立しようと思えば思うほど、「一人ひとりとつながる時間」を確保する必要があります。

　それは、次のようなときにされます。

・朝、子どもよりも早く教室に入り、登校してきた子どもたちとあいさつをして、雑談をする。
・授業中は、一人ずつ個別にフィードバックをする機会をもつ（ノート指導、発言指導、ミニテストに取り組む場面、グループ学習中など）。
・休み時間に一緒に遊ぶ。
・個別に面談を行う。

　こうした場面を、意図的につくる必要があります。

　青山新吾（2022）は、「教育は人づきあいである」と言い、更に「『人づきあい』とはフラットな関係を指しています」とも言います。

　つまり、教育には円滑なリレーションが重要であり、それが「上からの指導」よりも優先的に行われるべきだと主張しているわけです。

　これを、青山は特別支援教育の文脈で書いていますが、もちろん、それに限定されたものではないでしょう。

第2章 「むずかしい学級」、出会いのアプローチ

　私は、「むずかしい学級」でも、同様に「人づきあいからすべてが始まる」と考えています。

　青山は、子どもとの人づきあいに関して、次の3つが重要だと指摘しています。

> ・共通の話題をつくること（好きなモノ・コトは共通の話題になりやすい）
> ・関係における「主導性」は子どもを孤立させないために重要
> ・面白がれるということ

　つまり、子どもの「すきなモノ・コト」を把握し、第一段階としては教師が主導して子どもの学習・遊びに関わり、ともにフラットな関係の中で、それらを面白がるということでしょう。

　そのためには、一人ひとりとつながる時間を確保することが必須の事柄となります。

　教師の人間性が試されているなどというと大げさでしょうが、子どもの好きなモノ・コトを教師が見つけ出し、一緒に喜べるかどうか、これが試されているのです。

同じことを面白がることから始める。

出典：青山新吾（2022）『エピソード語りで見えてくるインクルーシブ教育の視点』学事出版

87

8 接触&声掛けをする

　一人ひとりとつながる時間とは、具体的には何をする時間なのでしょうか。低学年までなら、まずは接触と声掛けをするということです。
　例えば、次のようなことが考えられます。

> ・朝の「おはようハイタッチ」
> ・授業中の「『いいねえ』の肩トントン」
> ・帰りの「さようなら握手」

　触る場所やタイミングは、ハラスメントにならないように十分気を付ける必要があります。また、子どもと二人きりのときは、しない。特定の子ばかりにしない。などに気を付けます。
　その上で、やはり接触と声掛けはすればするほど、一般にはその子との関係がよくなると言えます。
　しかし、上の3つの場面の声掛けは、ただすればよいというわけではありません。コツがあります。

> 【朝の「おはようハイタッチ」】
> ・「おはよう！」と言いながらハイタッチして、昨日との違いを素早く観察する。
> ・「髪を切ったの？」「はじめて見る服だね」「顔色が悪いけど、調子が悪いのかな？」「昨日、○○でがんばっていたね」など。

> 【帰りの「さようなら握手」】
> ・「さようなら」と言って、今日のその子のがんばりを思い起こす。
> ・「今日は、みんなのために雑巾がけを、懸命にしてくれてありがとう」「かけ算九九の『七の段』、合格おめでとう」など。

　さて、授業中です。これにもコツがあります。それは大げさにしないとい

第2章 「むずかしい学級」，出会いのアプローチ

うことです。低学年は，担任に認めてもらいたいという欲求がとても強いので，大げさに声を掛けると，他の子どもが「ぼくは？」「私も見て！」と言って，教室が騒然とします。（それは，それでふつうのことですが）

【授業中の「『いいねえ』の肩トントン」】

・ほめたい部分を指さす（きれいに書かれた漢字や，上手にぬれた絵など）。

・肩を軽くトントンして，指などで「いいね」のサインをする。

　低学年に対する接触は，やはり親しみや信頼を増すことに効果があります。
　実はこれをもっとも自然に行えるのは，「遊び」です。
　「手つなぎ鬼」「増やし鬼」などの，鬼系の遊びは，自然と教師と子ども，子ども同士の接触を行うことを可能にします。
　もちろん，接触を嫌がる子どももいますから配慮は必要ですが，子どもと自然に親しみを増す機会として，休み時間の「遊び」は重要です。
　以前は，若い教師に「とにかく，若いうちは子どもとたくさん遊べ」とアドバイスしていた，ベテラン教師がいました。それは，子どもたちとの関係性を自然とつくれる「遊び」の重要性を，よくわかっていたからなのでしょう。
　もちろん，今日，休み時間でさえ多くの業務があることを私は知っています。しかし，そうであるならば一日おきにでもいいから，休み時間は子どもと過ごすべきだと私は思います。それが，小さなトラブルの際の意思疎通を，円滑にし，大きなトラブルを予防する最良の方法だと考えるからです。

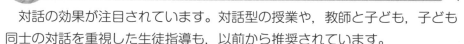
9 雑談から始める

　対話の効果が注目されています。対話型の授業や，教師と子ども，子ども同士の対話を重視した生徒指導も，以前から推奨されています。

　ところで，対話に似た言葉に「雑談」や「議論」があります。これらの違いを中原淳・長岡健（2009）は，次のように説明しています。

> 「雑談」＝〈雰囲気：自由なムード〉
> 　　　　〈話の中身：たわむれのおしゃべり〉
> 「対話」＝〈雰囲気：自由なムード〉
> 　　　　〈話の中身：真剣な話し合い〉
> 「議論」＝〈雰囲気：緊迫したムード〉
> 　　　　〈話の中身：真剣な話し合い〉

　この3つが，集団において可能になるには，緩やかな順序性があると，私は考えています。

　それは，「雑談」→「対話」→「議論」というものです。雑談ができなければ対話はできない。また，対話ができなければ「議論」はむずかしいということです。つまり，集団に「対話」を生み出すには，「雑談」の指導を，まずする必要があるということです。

　「雑談」とは自然発生的に始まる「たわむれのおしゃべり」のことです。「それを，どうやって指導するのだ？」と，あなたは言うかもしれません。

　しかし，大げさに考える必要はありません。

　雑談をしていい時間をつくり，テーマを設けて，あとは子どもたちに任せてみます。つまり，「計画的なおしゃべり」をしてみるということです。

　まずは，「軽い雑談」を促してみましょう。

第2章 「むずかしい学級」，出会いのアプローチ

> ・好きな動物って，何？
> ・生き物を飼ったことはある？
> ・好きな食べ物って？
> ・おすすめのお菓子は？
> ・おすすめのゲーム？　遊びは？

　学級経営の初期にこうしたことを話す時間を，毎日確保します。ときどき，「どうして？」「もう少し詳しく教えて」などの，相槌も教えます。
　朝の会の1コマでもいいでしょうし，国語の始めの3分でもいいでしょう。
　とにかく，毎日行い，質より量を積み重ねます。
　こうして話していくうちに，子どもたちは互いの「好きなもの」「苦手なもの」について知っていきます。
　その中には共通のものも，見つかるでしょう。人は，共通の好悪感情があると，心的な距離がグッと縮まります。
　お気付きになったでしょうか。この心的な距離の縮まり具合によって，「雑談」→「対話」→「議論」が可能になるわけです。
　ですから，子ども相互の親和性を生み出したければ，まずは子どもたちにたくさん「雑談」をしてもらいましょうということになるわけです。

出典：中原淳・長岡健（2009）『ダイアローグ：対話する組織』ダイヤモンド社

10 全員の声を聴く

　前年度，むずかしい状況に陥ってしまった学級の子どもたちは，どの子も傷ついています。
　「そんなことはない。あんなに横暴で，勝手にふるまっている子どもたちのどこが傷ついているのだ？」と，あなたは思うかもしれません
　しかし，その子が横暴で，勝手にふるまっていたとしても，実のところ，そうしている自分をどう思っているのかは，私たちからは見えにくいことが多いのです。
　子どもたちは，ペルソナをかぶっています。
　横暴で，勝手にふるまっている子どもには，そうふるまわなければならない事情があるのかもしれません。
　そのことを知るためには，まず全員の声を直接聴くことが大切です。
　例えば，一日に２回ある休み時間に，一人ずつ静かな場所で，面談をしていきます。
　「○○さんのことがもっと知りたくて，少し話す時間を取ったんだよ。でもね，話したくないことは話さなくていいからね。それと，ここで話したことは，おうちの人にも友だちにも話さないから，心配しないでね」と，こう切り出します。
　はじめは，雑談をして，リラックスできるような雰囲気をつくります。
　そして，「○○さんは，去年学級で過ごしていて，つらかったことや悲しかったこと，腹が立つことなどはなかったかな」と，本題に入ります。
　ここでは，どんな事柄がどんなふうに語られたとしても，まずは受け入れるようにします。会話例を見ていただきましょう。

【乱暴だと思われている子】
「何かあったら，俺ばっかり注意される」
「そうなんだ。どんなふうに」

第2章 「むずかしい学級」，出会いのアプローチ

「何かしたりしたら，俺だけじゃなくて，他の人もやってるのに，俺ばっかりが怒られる」
「それは，めちゃくちゃ腹が立つよね」
「うん」
「別に自分が，悪くないって思っているわけじゃないんだよね？」
「うん」
「でも，自分ばかり怒られる？」
「うん，決めつけている……」
「最初から『お前が悪い』って，決められている感じ？　そっかあ，それはきついねえ。なにか先生が力になれそうなことはあるかな？」
「まず，ちゃんと聞いてほしい」
「わかったよ。じゃあ，まずは，事情とか，君の理由とかを聞くようにする。でも，先生もうっかり失敗しちゃうときもあるから，そんなときは『先生，俺の話聞いてよ』って言ってもらってもいいかな」
「うん」
「ありがとう」

　乱暴だと思われている子どもにも，きちんとその子の「物語」があるということですから，それを聞いてあげることが大切です。

【おとなしい子】
「去年，放課後に，一回帰ったんだけど，忘れ物取りに来たら，○○さんたちが，□□さんの机を蹴ったり，机の中にごみを入れたりしてて……」
「ああ，それはびっくりしたでしょう。どうしたらいいのか，わからなくなっちゃうよね」
「それで，『誰にも言わないで』って言われて……」
「そうなんだねえ，それを，今先生に話してくれてありがとう。それで，今，どんなふうにそのことを，感じているの？」

93

「……」

「むずかしそうだね。じゃあ，違ったら，違うって言ってほしいんだけど，『止めたり，注意したり，先生にずっと言えなくて，自分って駄目だなあ』って思っている？」

「私のせいで，□□さんが，かわいそう」……みるみる，目に涙がたまる。

「そうか。あのね，○○さんたちがしていたことっていうのは，すごく，すごく悪いことだったよね。でもね，悪すぎて，注意できないってことは，大人にもあるんだよ。先生も，あなたの立場だったら，きっと何もできなかったと思う。あなたが悪いわけじゃないんだ。机を蹴っている子が悪いんだよ。もう，あなたは十分に苦しんだんじゃないかな。今度，何かを見かけたら，すぐに先生のところに来てね」

　自分は，直接悪いことはしていないのだけれど，クラスの「荒れ」を見て，密かに自分を責めて，傷ついている子どももいます。そうした子どもも多いのが，むずかしい学級の特徴です。

　もちろん，大きくルールを逸脱してしまう子どもや，人に迷惑をかけてしまう子どももいます。そうした子どもとも面接を行い，その物語に耳を傾ける必要があります。

【友だちにいじわるをしていると思われる子】

「きっと，嫌なことがあったんでしょう？」

「そう！　あいつが先にやってきてさ，すれ違うときに蹴ってくるんだよ。そんなのありえないじゃん。それなのに私ばっかりさ！」

「蹴られているんだ。それは，いやだよ。ぜったい，いやだ」

「そう，それなのにちょっと仕返しにさ，筆入れをごみ箱に入れたんだよ。それで，前の担任に『それはいじめです』って言われてさ。そんなの知らねえよって。あいつが先に，やってきたんだ」

「そうだよね，しかも，蹴られればけがもしただろうし，傷もついたん

第2章 「むずかしい学級」，出会いのアプローチ

じゃない？」

「いや，私，強いからさ，けがはしてない」

「そうかあ，それはよかったなあ。でも，大けがになるときだって，あるじゃない？」

「そう，だから，もう関わりたくない」

「そうか，確かにそう思うだろうね。先生にできそうなことはあるかな？」

「席替えのとき，アイツと近いのは無理」

「なるほど，近くはイヤなんだね。それは，腹が立つから？」

「腹が立つのもあるし，怖い」

「怖いよね。わかったよ，約束する。それでさ，なんか仕返しとかしても，あなたが損をするばかりだから，何かあったら，先生にまず事情を話してくれないかな」

「いいよ」

「うん，ありがとう。先生には，解決できないかもしれないけれど，話を聞いてあげることはできそうだからさ。何でも，まずは話して」

「わかったよ」

　いじわるをしていると思われている子が，強者だとは限りません。

　どうやら，この場合，「怖い」という感情に対する自身を守る行動が，筆入れをごみ箱に入れるということだったようです。

　もちろん，そのことはよくないことです。しかし，「ダメなことだぞ」と注意したところで，問題は解決しないでしょう。

95

　むずかしい学級では，よくも悪くも目立つ子に関わる時間が，多くなります。おとなしい子，コミュニケーションが苦手な子どもたちとの関わりがどうしても少なくなります。

　しかし，そんな子どもたちともつながる方法は様々にあるものです。

　本が大好きで，休み時間は，体を動かす遊びを避けて，図書館で本を読んでいる子どもというのが，どのクラスにもいるものです。

　私は，その子とのつながりがどうしてももちたくて，じっと観察をしていました。

　すると，気付いたのです。その子が，ある作家の本ばかりを読んでいることに。

　そこで，その作家さんの本を購入して，数冊買いこんで片っ端から読んでは，教室の学級文庫として置いておきました。

　その子には，「○○さんさあ，この作家さん好きだろう？　よかったら読んでみてね」と伝えました。

　それからというもの，その子は週末になるたびに，おずおずと「先生，この本，貸してくれませんか？　家で読みたいんです」と話しかけてくれるようになりました。

　それ以外の話は，ほとんどしませんでした。

　しかし，保護者からは，「いつも，うちの子，『先生は，私のことわかってくれている』って言っているんですよ」と教えてもらいました。

　関わることが苦手な子とでも，よく観察することで，つながる方法は何かしら見つかるものですね。

第3章
学びやすく過ごしやすい教室づくりへのアプローチ

学びやすい教室づくりのアクションガイド

　学びやすい教室を実現するために、「学びのユニバーサルデザイン」の考え方を参照しつつ、授業づくりについて述べていきたいと思います。

　学びのユニバーサルデザインとは、アメリカの研究団体 CAST (Center for Applied Special Technology) が提唱する指導のフレームワークのことです。

　バーンズ亀山静子（2020）は、UDL の理解を助けるポイントを「障害があるのはカリキュラム」「教えるゴールを明確にする」「事前にバリアを見つけオプションを用意」の3点とした上で、「発達障害などの有無にかかわらず、多様な子どもたちの学びを阻む原因は、教えるゴール、教材、方法、評価（カリキュラム）にあるという考え方である」と言います。

　このようにあっさりと書かれていますので、そういうものかという程度に思うかもしれません。

　しかし、よく考えてみれば、この正反対の考え方を、普段の私たちは教室でしてしまっているのではないでしょうか。

　例えば、国語の読解の学習をしている時間に、ある子どもが、教科書の文字を読むことが苦手で、内容を読み解くことができないとしましょう。

　あなたは、ぼんやりと「ああ、この子は国語が苦手な子なんだなあ。意欲が今ひとつなんだよなあ。もっと、努力させなければダメだなあ」なんて思ったりしてはいないでしょうか。

　UDL の考え方は、こうした考え方とはまったく正反対です。

　まずは、「この子が学べないのは、今日の授業の目標がこの子に合っていないからかなあ。もっと、この子の関心を高めるような目標はないかな。それとも教材に問題があるからかなあ。ひょっとすると、集中を妨げるような『何か』があるのかもなあ……」と考えるのが、UDL 的な考え方です。

第3章　学びやすく過ごしやすい教室づくりへのアプローチ

そこから，次のような足場的支援を考えていきます。

- ・この子は犬が好きだから，犬のことが書いてある教材ならば……
- ・落ち着けるように，空き教室を提供しては……
- ・読むことが苦手そうだから，読み上げ機能のある教材ならば……

つまり，その子の国語の力に障害があるのではなく，その子が学べないような環境（カリキュラム）の方に障害があるのだから，そちらを改善すべきだと考えるわけです。

子どもは本来有能であるのだけれど，カリキュラムの不具合によって学べなくなっている。だから，改善すべきは，「その子」ではなく，カリキュラム（目標，教材，方法，評価など）だというわけです。

UDLが単に方法ではなく，授業者のマインドの変更を求めると言われる理由は，ここにあります。子どもに障害があるのではなく，カリキュラムに障害（バリア）があるというマインドから，むずかしい学級の授業を考えてみましょう。

筆者の教室に掲示してあるポスター

出典：バーンズ亀山静子監修（2020）「特集2　学びのエキスパートを育てる」『授業のユニバーサルデザイン vol.12』東洋館出版社

1 学ぶゴールを明確にする

　教科書には，本時の課題が示されています。例えば，「計算の方法を考えよう」「平行四辺形の面積の求め方を考えよう」などです。これらは，学習活動の方向を示すものです。
　一方，これから論じようとする「ゴール」とは，学習の結果，子どもたちがどういう状態になっていればよいのかという「到達点」を示すものです。
　例えば，次のようなものが考えられます。

【国語】「ごんぎつね」を読んだ感想を，「ごん」と「兵十」の関係にふれて，表すことができる。
【社会】江戸時代初期の徳川幕府の取り組みについて，重要な順に３つあげて，それらが重要だという理由を説明することができる。
【算数】三角形の面積の求め方を，今まで学習したことを使うなどして，説明することができる。
【理科】身近な地震による土地の変化について２つの事例（いつ，どこ，どんな）を調べまとめることができる。

　このように，結果として何が達成できればよいのかを，端的に，かつ明確に示したものが，「ゴール」ということになります。
　当然，このゴールは，教師にとっては授業後の子どもたちの具体的な姿を，イメージするための「教えるゴール」となり，子どもたちにとっては「学習のゴール」となります。しかし，「ゴール」だけでは子どもたちは，「到達点」を明確にイメージすることができません。
　そこで，評価規準が必要となります。例えば，理科の学習において「身近な地震による土地の変化について２つの事例（いつ，どこ，どんな）を調べまとめることができる」というゴールを設定した場合は，以下のような評価規準を設定します。

第3章　学びやすく過ごしやすい教室づくりへのアプローチ

> ①　身近な地震による土地の変化について2つの事例を調べ，それらを人に伝えられる方法でまとめる。
> ②　「土地がすべる」「土地がずれる」の2つの言葉を入れる。
> ③　「変化前」と，「変化後」を比較して表す。
> ①～③の3つができてA，2つでB，1つでCです。
> ★ボーナスポイント　気付いたことや感想なども書くと「S」。

　しかし，子どもたちには，これをなぜ学ぶのかよくわかりません。

　子どもたちは，ときどき聞いてくるに違いありません。

　「先生，この勉強は何の意味があるんですか？」，「どうしてやらなくちゃいけないのですか？」と。

　CAST（2018）が示したUDLガイドラインには「自分との関連性・価値・真実味を最適にする」という項目があります。

　そこで，次のように子どもたちに学ぶ意義も説明します。

> 　日本は，世界有数の地震大国です。地震が起きたときに，どんな災害が起きるのかを予測して，自分の命を守るために，この学習はとても重要です。

　このように示すことで，「なぜ（関連性・価値・真実味）」，「何を（ゴール）」「どの程度なすのか（評価規準）」を，子どもたちに示したことになります。

出典：CAST（2018）. Universal design for learning guidelines version 2.2 [graphic organizer]

2 ゴールの設定は登山と似ている

　ゴールの設定を登山に喩えると，学習者の不安についてよく理解できるでしょう。

　あなたは，あまり親しくない職場の同僚から，突然「登山に行きましょう」と誘われます。こんな状況を想像してみてください。

　さて，あなたはどんなことを知りたいですか。おそらく，あなたは，次のようなことを明らかにしたいと思うに違いありません。

・「どこの山ですか？」
・「いつ，登るのですか？」
・「登ると，何かよいことありますか？」
・「どれくらいの時間がかかるのですか？」
・「どんな装備が必要ですか？」
・「苦しくなったら，サポートしてもらえますか？」

　このようなことを，あなたはその同僚に尋ねたとします。

　すると，その同僚は，少し怖い顔をして「とにかく，登ればわかるよ。とにかく，私についてきなさいよ」と，こう答えます。

　あなたは，苦笑いをしながら，「さすがに，それは無理ですよ」と言うに違いありません。

　さて，これはただの喩え話なのでしょうか。私たちは，子どもたちを前にして，「いいから黙って，先生の話を聞いていればいいんだ」とまでは言わないにしても，それに近いことを思い，それに近いことを言っているのではないでしょうか。

　少なくても授業においては，「なぜ（子どもとの関連性，価値，子どもたちにとっての真実味）」，「何を」「どの程度なすのか（評価規準）」に加えて，「どれくらいの時間で，学ぶのか」「この学習をするのに必要な，前提となる知識や技能がなんであるのか」「それらが足りないときには，どのようなサ

第3章　学びやすく過ごしやすい教室づくりへのアプローチ

ポートが受けられるのか」を，明示しておく必要があるでしょう。

　むずかしい学級の子どもたちは，しばしば「これ絶対やらなきゃならないの」「どうして，こんなことをしなくちゃならない」と，「不満」を言います。

　しかし，それらは，本当は「不満」なのではありません。「不安」なのです。それなのに，私たちは「いいから，やればわかる」，「やらなきゃならないって，決まっているんだ」，「とにかくがんばりなさい」と言ったりしています。

　しかし，まず子どもたちの不安を取り除くための働きかけをする必要があるのではないでしょうか。

　これから単元の1時間目を迎えるときには，以下のように「何ができるようになるのか」「それが，なぜ必要なのか」を，子どもたちには伝えるようにしましょう。

　5年生算数科「比べ方を考えよう」を例にするのなら，はじめに教師が，子どもたちに示す内容は，次のようなものです。

12．比べ方を考えよう(1)〔単位量あたりの大きさ〕学びのガイド「できるようになること」と「学ぶ意味」（全9時間）

◎「わかる・できる」
　・速さや単位量当たりの大きさを求めたり，比べたりすることができる。

◎「考える・判断する・表す」
　・目的に合わせて，速さや単位量当たりの大きさを求める方法を，図や式などで表せる。

◎「役立つ！」
　・6年生や中学校の学習の中で，条件が違う2つの量を比べる問題はよくでるよ。
　・「1当たりの量で比べる」という考え方は，世の中ではよく出会う考え方だよ。（仕事量や，乗り物の速さなど）

103

3　プロアクティブに支援を用意する

　UDLでは，「授業計画時にそのバリアを特定して，取り除くことができる代替方法（オプション）を準備することが重要である」とされます。
　バーンズ亀山静子（p.98参照）は，その理由を次の２点であると説明しています。

> ・まず何もない状態で学び，できなかった場合に支援を追加していく対症療法的な取り組みとは異なり，子ども自身が足場を活用してできたという感覚をもちやすい。
> ・自分の判断で足場の活用と足場はずしを調整できる。

　私は，この「対症療法的な取り組み」のことを，プロアクティブな支援である「足場的支援」と対比して，「落ちてから支援」と呼ぶことにしています。
　「落ちてから支援」は，まさに一回落ちちゃっているわけですから，けがもするし，痛みも感じるでしょう。
　むずかしい学級の子どもたちであれば，自分の傷を最小限にするために，「もうやりたくねえ」と，すぐにプリントをぐちゃぐちゃにしてしまうでしょう。
　私の学級で，どのようなプロアクティブな支援を用意しているかというと，次のようなものです。

> ・「一人で学ぶ」「友だちと学ぶ」「先生と学ぶ」という学び方のオプション。途中で変更も，可能。
> ・「大事なことに関する質問は，何回してもよい」
> ・「机と椅子」「空き教室」「じゅうたんの上で」「ベンチで」など，学ぶ場所に関するオプション。
> ・情報は耳からだけではなく，視覚でも受け取れるように掲示されたり，

第3章　学びやすく過ごしやすい教室づくりへのアプローチ

端末に配信されたりしている。
・文字を読むことを支援するためのスリットを用意している。
・記録は，手書き，パソコン入力，頭に記憶，ホワイトボードに書いて画像として記録してもよい。
・漢字練習はスキル，ノート，ホワイトボード，パソコンなど，どれで行ってもよい。
・振り返りの提出などは，担任に話して書いてもらって提出してもよい。
・周囲の動きが見えないようにするための衝立を用意している。
・周囲の音を聞こえなくするためのイヤホンや，それで静かな音楽を聴きながら学習することもよい。

　このようなことを，あらかじめ用意，または許可しています。こう書くと，2つのことをよく質問されます。

　一つは，「そんなに自由にしたら，子どもたちは好き勝手なことをしませんか」というもので，もう一つは，「そんなにするのは，大変じゃないですか」というものです。

　前者に対する答えは，「好き勝手にします」です。しかし，その「好き勝手」は，「本時のゴールに到達するために『好き勝手』にします」というものです。

　子どもたちが，ときどき，「先生，○○したらできそうなんですが……」と学び方を提案してくる場合があります。それらには，「この時間のゴールに，到達できるならいいですよ」と，基本的に答えます。

　ですから，「好き勝手」にはしますが，無制限ではありません。

　後者に対する答えは，「段々楽になります」というものです。始めのうちは，やはり多くの足場的支援を用意しますが，それらのうち，子どもたちが必要とするものは段々と限られてくるのです。

4 ゴールとその手順を具体的に示す

UDL で学ぶ子どもたちの状態について，「本時のゴールに到達するために『好き勝手』にします」と，書きました。この「ゴールに到達するために」という点への支援は，かなり丁寧にしています。

子どもたちが自分たちで自分の学びをコントロールしていたとしても，結果として学力がついていなければ，その「学習」は，やはり充実したものとは言えないからです。

まず，「本時のゴールに到達するため」に足場的支援として用意していることを，図工科「音を絵で表す」を例にして，具体的に説明します。

ポイントとなるのは，明確な「ゴールの提示」と「ゴールに到達するための手順の例示」です。

なお，「ゴールの提示」の前に，過年度児童の作品例や，カンディンスキー（抽象画の創始者，ロシアの美術家）の作品を見せています。

【図工科「音を絵で表す」のゴール提示の例】

◎単元のゴール

　身近な音を聞いて，形や色を思い浮かべ，自分の思いを工夫して表現する！

◎評価規準

　①身近な音を思い浮かべて描いている。

　②表現（色，形，パターン，構成）が工夫されている。

　③その音をどのように感じたかがわかる表現になっている。（題名も大切）

　④友だちの作品，３作品以上にコメントする。

　以上のうち，４つ達成でA，２〜３でB，１以下がC。

このようにゴールを提示することで，どのようなことが求められているのかを，子どもたちが具体的に理解できるようにします。

第3章　学びやすく過ごしやすい教室づくりへのアプローチ

　しかし，これだけでは子どもたちは活動できない場合があります。

　ゴールはわかっても，そこまでの「行き方」がわからないからです。

　札幌から，那覇まで行くことがわかっても，その行き方は無数にあり，人によっては想像もつかないということがあるように。

　そこで，次のように手順を例示します。

【ゴールするための手順例】

1．歌詞が入っていない音楽・人口の音（掃除機，車，印刷機の動く音……）・自然の音（風，雷，大雨，虫，葉擦れ……）などをYouTube で聴いてみる。

2．「これだ！」と思う音を1つ以上見つける。

3．それをもとに，絵具，鉛筆，ペン，色鉛筆などを使って自由に描いてみる。パソコンで描くのも OK！

　・数枚描いてもいいし，じっくり一つの絵を描いてもよい。

　・いくつかの音や曲を組み合わせて，一つの絵にしてもよい。

4．作品票をつける。

5．作品画像を1つ以上アップして先生に提出する。

6．友だちの作品（3人以上）にコメントする。

　このようにゴールの具体的な提示と，ゴールするための手順を例示することによって，子どもたちはゴールが途中でわからなくなったり，ゴールに到達するための手順がわからなくなったりすることは少なくなります。

　また，これらは学習が終了するまで提示し続けます。

107

5　多様な学び方を奨める

　ある年，漢字の練習をとてもいやがる子がいました。私は，授業中に新出漢字の習得のための指導をし，更に練習時間も確保していました。
　ところが，その子はまったく取り組もうとしませんでした。
　書字に苦手さがあることは，わかっていました。そこで，ホワイトボードを使うように促したりしました。しかし，それにも乗ってくることはありませんでした。叱って練習させるというのも，長い目で見ると効果的ではないと考えていました。また，その子は，他の子どもの学習を邪魔するようなこともありませんでした。
　ところが，あるとき，「先生，ホワイドボードを貸してほしいんですけど」と頼んできました。
　私は，「もちろん，いいよ」と答えた後，「何に使うの？」と尋ねました。すると，「漢字練習を，家でしたいんです」と答えたのです。
　私は，とてもうれしくなり，「かんばってね」と伝えました。それから，今まで漢字のミニテストで「０点」だったその子が，「20点」，「30点」をとるようになったのです。
　私は，それをとてもうれしく思って，「頑張っているねえ」とときどき声を掛けました。その子の学びは，順調に思えました。
　ところが，あるとき「ホワイトボード，ありがとうございました」と，借りていたボードを返却しにきました。さすがに，「20点，30点ばかりで，やる気を失ったのか」と思いました。
　ですが，よく聞くと「お母さんに頼んで，大きなホワイトボードを買ってもらった」とのことでした。このことに，私は，またも大喜びしました。母親にも，そのうれしさを共有するために，電話しました。
　すると，家でも母親の前では絶対に練習しないというのです。押し入れに入ったりして，練習しているというのです。
　私は，そこまで頑ななことに驚いて，本人に「どうして，人前で練習しな

第3章　学びやすく過ごしやすい教室づくりへのアプローチ

いの」と尋ねてみました。

　すると，彼はこんなことを話してくれました。以前，教室で漢字を練習していたら，担任がみんなの前で注意を繰り返したのだそうです。それ以来，その子は，人のいるところで練習することが嫌になったというのです。

　しかし，彼は「一人でこっそり」「ホワイトボードを使って」を選んで，再び学ぶことを始めてくれたのでした。

　　　　　　　　＊　　　　　　　　　　　　　　　　＊

　その子は，ノートを取らない子でした。

　ところが，質問するとしっかりと正答を言いましたし，授業中に行うミニテストでも，いつも満点をとっていました。

　そこで，私は，「ノートを取るとどうなるの」と尋ねてみました。

　「頭がごちゃごちゃして，勉強がわからなくなる」と言いました。

　そこで，「それなら，取らない方がいいね」と，私は応じました。

　あとから，母親が「先生，前の担任の先生から，『ノートは取った方がいい』と言われて，取っていたこともあるんですが，本人は勉強がわからなくなって，困っていたんです。だから，ほっとしたみたいです」と教えてもらいました。

　　　　　　　　＊　　　　　　　　　　　　　　　　＊

　授業中の覚醒が低く見える子がいました。いわゆる「ぼうっとしていることが多い子ども」です。道徳の時間の振り返りを書くときに，その子に，「もしも，書くことがむずかしかったら，先生に話して。先生が書くから」と言いました。

　すると，次の時間からは，「先生，話すから書いて」と言ってくるようになりました。しかも，話すと課題についてとても深く考えていることがわかったので，そのことを伝えました。

　すると，道徳の時間に発表を何度もするようになりました。

　どれも学び方が合致すれば，子どもは学べるということの好例です。

109

6　学力差に対応する

　多くの教師たちが悩んでいることに，子どもたちの「学力差」の問題があります。むずかしい学級の子どもたちであれば，学力差はなおいっそう大きくなっている場合が，多くあります。

　学力差に対応するために，少人数やTTといった学習形態を採用するという方法も，もちろんあります。しかし，慢性的な教員不足から，これらも十分に行えないという状況にあるのも，また現実です。

　そこで，この「学力差」に関して，UDLの考え方に基づいて，その対策を考えてみようと思います。

　ここでは，「レベル別問題」*の実践について紹介します。

　算数科を例にすると，およそ単元の1時間目は，次のように進んでいきます。（あくまで一例です）

---

① 「学びのガイド」**を配付して，本時のゴールや「なぜ学ぶか」を説明する。

② 本時で，必ず習得しなければならない事項（1～2個程度）について，教科書やスライドなどを活用して，7分以内で説明をする。
　※もう一度説明を聞いたり，やり方を確認できたりするような工夫をしておく。（スライドや動画による学習内容のまとめの配信）

③ 「教科書コース（教科書の習熟問題に取り組む）」，「レベル別問題コース」，「合わせ技コース」を選択して，取り組む。
　※「教科書コース」には，教師用指導書（いわゆる朱書き）を，「レベル別問題コース」には，解答を用意し，自分のタイミングで子どもたちは，解き方や解答の正誤を確認できる。

④ 「チェックテスト」によって，本時のゴールに到達できるかどうかを，子どもたちが確認する。

⑤ 「学びのガイド」に，「ゴールの到達」「学び方」の振り返りと，「授

第3章　学びやすく過ごしやすい教室づくりへのアプローチ

　業の進め方に対する要望」を書き込む。
⑥　「学びのガイド」,「チェックテスト」を回収する。

　「レベル別問題」とは, 下のようなプリントです。

○月○日　レベル別問題
　　　　　　　　　　　名前
レベル①　（２時間前の学習の復習, または同一系統２学年前の学習内容）
　（問題省略）
レベル②　（１時間前の学習の復習, または１学年前の学習内容）
　（問題省略）
レベル③　（本時で扱う学習内容の基礎問題）
　（問題省略）
レベル④　（本時で扱う学習内容の応用問題）
　（問題省略）
レベル⑤　（難問, 私立中学校入試問題や中学校の学習内容等）
　（問題省略）

　運用について説明をします。
・どこから, どのように取り組んでもよい。
・レベル③が解けるように努力する。
・「解答」を見て写してもよいが, なぜそうなるかがわかるようにする。
　学力に応じてレベル別問題に取り組み, 最後はチェックテストの問題が,
一人で解けるということが子どもたちには, 求められます。
　チェックテストとは, 本時の必須習得事項を１問か２問印刷したミニテス
トのことです。
＊「レベル別問題」の実践は, ともに UDL を学び, 実践している北海道の教員谷口祥広氏に
　教えていただいた方法です。
＊＊資料　６年生算数科「平均」の単元「学びのガイド」…次ページに掲載

111

11. ならした大きさを考えよう　［平均］学びのガイド

組　　番　名前

◎「わかる・できる」
　・平均の意味について理解する。
　・測定した結果の平均を求めることができる。

◎「考える・判断する・表す」
　・全体のだいたいの様子をとらえようとして，測定した結果を平均する方法を図や式など
　　を使って考え，表現することができる。

◎「役立つ！」
　・ニュースやデータの処理で，この平均はとてもよく使われているので，とにかく大人と
　　して必要な「見方」です。物事のだいたいの特徴を知ることに役立つよ！

時間	学習活動	スキル	学習内容	学習態度 振り返り
1	□① p.20の3組の写真を見て，「ならす」 ということの経験や意味について話し合 う。（所要時間は10分程度） □の問題を読む □①を行う。 □教科書の課題を確認する。 □②を行う。 いくつかの数量を，等しい大きさになる ようにならしたものを「平均」と言います。 □教科書のまとめを確認する。 **平均＝合計÷個数** □練習問題の①②を 行う。	2	A ①「平均」の意味がわ かり，②求め方につい て理解できた。 B ①と②のどちらかがで きた。 C 両方できなかった。	A B C ↓振り返り ↓
2	②の問題を読む。 □課題を確認する。 □まとめを確認する。 □練習問題の③④を行う。		A ①平均から全体量を求 める方法を，平均の意 味や図をもとにして考 え，②説明することが できる。	A B C ↓振り返り ↓

振り返り
・うまくいった学び方は？
・うまくいかなかった学び方は？
・学びやすかった手立ては？
・こんなものがあったらよかったのに？

第3章　学びやすく過ごしやすい教室づくりへのアプローチ

			ＢＣ（略）	
3	③の問題を読む。 □課題を確認する。 □まとめを確認する。 　サッカーの得点のように小数で表さないものも，平均では小数で表すことがある □練習問題⑤を行う。	③	A ①値に０がある場合の平均の求め方がわかり，②点数のような数でも平均は小数で表す場合があることを理解できた。 B ①と②のどちらかができた。 C 両方できなかった。	ＡＢＣ ↓振り返り ↓
4	□教科書「いかしてみよう」の問題を解く。 □練習問題(1)(2)を行う。	④	A ①平均の学習を生かして，１歩分の長さを求め②様々な長さを求める。 B ①と②のどちらかができた。 C 両方できなかった。	ＡＢＣ ↓振り返り ↓
5	□教科書「たしかめよう」の問題に取り組む。 □練習問題の①〜⑤を行う。	⑤	A 学習内容が定着しているかを確認し，テストに向けて行うことがはっきりできた。 B 学習内容が定着しているかを確認できた。 C どちらもできない。	ＡＢＣ ↓振り返り ↓
6	まとめテスト			

7 多様な学び方を学ぶ機会を設ける

　学び方について，「みんな違う」ということを体験的に理解し，それを尊重する大切さを知るのに，授業の場面ほど的確な場はありません。

　しかし，「みんな違えば，それでいい」ということに，とどまっていてはいけません。どんな学び方でもよいと認めることは，自分に合った学び方を見つけるための必要条件でしかないのです。最も重要なことは，すべての子どもたちが自分に学力をつけられる方法を，自分で見つけ実際に学力がつけられるということです。

　私は，子どもたちに「『勉強ができない』ではなく，まだよい方法に出会っていないだけ」とよく言います。もしも，子どもたちに学力がつかなければ，これが絵に描いた餅になってしまいます。

　やはり，子どもたちには，授業で，学びを成立させる「よい方法」に出会ってもらいたいのです。

　そのためには，子どもたちに，「こんな学び方もあるんだよ」ということを，伝える時間を意図的につくります。

　例えば，漢字のミニテストは習得に大きな差が出る事柄の一つでしょう。これを行うとき，次のように子どもたちに提示してみます。

　「漢字のミニテストは，単元テストのときに漢字がたくさん覚えられているように，何度かします。覚えることが目的です。そこで，今日は少し違う方法で，漢字ミニテストを行ってみます。自分の学び方のタイプを見極めるようにしてくださいね。漢字ミニテストをする時間は，今まで通り，10問で5分です。①ノンストップコースは，はじめに1分間ドリルの答えを見ていていいです。1分経ったら，残り4分で問題を解きます。②インターバルコースの人は，2分たったところで，1分間インターバルがあって，その間ドリルの答え，教科書など何を見てもよいです。間に1分の確認タイムはありますが，漢字を書く時間はノンストップコースと同じ4分間です」

　このように説明をします。

114

第3章　学びやすく過ごしやすい教室づくりへのアプローチ

　質問を取った後に，タイマーを「5分」にセットします。
　①の子どもたちには，1分経ったところで，「それではノンストップコースの方は，ここから始めます。スタート」とコールします。
　2分経ったところで，「インターバルコースの方は，いったんストップ。ここから1分間は自由に漢字を確認してください。もちろん，すでに書いた漢字が間違っていると気付いた場合は，直してもよいです」とアナウンスします。そして，1分経ったところで，全員漢字ミニテストをします。残りは，2分です」と伝えます。
　「インターバルの方が絶対有利」という声が上がるかもしれません。そんなときは，「単元テストのときに，漢字が覚えられているってことが目的ね。だからミニテストの点数じゃなくて，どちらがより覚えられるかで選んでね」と，伝えるようにします。

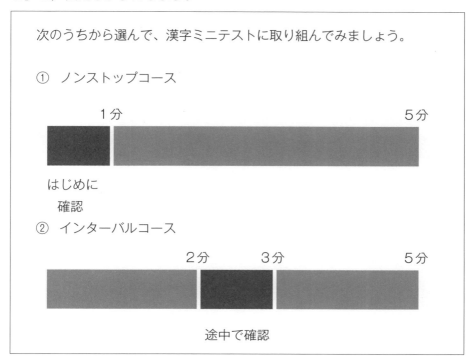

8 協働と仲間集団を育む

　CASTのUDLガイドライン（p.101参照）には，「協働と仲間集団を育む」ことが，「努力やがんばりを続ける」ために必要な要素であると示されています。

　ここでは，授業の中でできる「協働と仲間集団を育む」方法の一つである「リヴォイシング」という手法を紹介します。

　生田淳一・増田健太郎（2016）は，議論の中で他の参加者によって行われる「リヴォイシング」という行為が，「児童の発言内容を再度クラス全体の授業の中に位置づけ，児童相互のやり取りを引き出し，対人関係を引き出し，対人関係を形成しようとする教師の意識が現れているもの」と考えられ，「このような社会的機能をもつことから，学級内のリレーションを深めるうえでも重要な役割を果たす」ことを指摘しています。

　実際の授業では，どのようなリヴォイシングの手法が，考えられるでしょうか。次のようにまとめてみました。

分類	教師発話の例
補足	○○さんの言った，□□という言葉，とてもいいと思うんだけど。ところで，□□ってどういう意味かな？　説明してくれる人，いないかな。
補充	○○さん，途中で言えなくなっちゃったんだけど，○○さんの気持ちになってつづきを言ってくれる人いないかな。
類似	○○さんの言った，□□という考え，とてもいいと思う。近い意見の人で，説明や理由が違うという人，いないかな。

第3章　学びやすく過ごしやすい教室づくりへのアプローチ

価値	・○○さんの意見は，大切なことを教えてくれていると思うけれど，どう思った？ ・○○さんの意見は，確かに間違っていたんだけど，大切なことを教えてくれていると思うけれど，どう思った？
再話	○○さんの意見，すごくいい意見だった。あまりに素晴らしいから，もう一回繰り返して言ってくれる人いるかな。
例示	○○さんが言ったことって，例えばどんなことかな。
束ね	○○さんの意見，素晴らしかったなあ。つまり，どういうことか短く言える人はいるかな。
課題化	○○さん，すごく面白いこと言っているねえ。これは，みんなの問題にする価値がある。さあ，賛成？　反対？
共感	○○さんと，同じ気持ちで悩んでくれる人はいないかな。
反論	○○さんの意見は□□という点で考えると間違っているように思えるんだけど，○○さんを応援できる人は，いないかな？
明確化	○○さんの意見，よかったよねえ。さらに，わかりやすくするために○○さんに質問したい人は，いないかな？
経験	○○さんと，同じ経験がある人は，いるかな？

　教育の世界には，以前から「授業で学級経営をする」という言葉があります。その中核は，このようなリヴォイシングによって子どもと子どもをつなぐということです。

出典：生田淳一・増田健太郎（2016）「学習指導における『つながり』醸成と教育効果」，露口
　　　健司編『「つながり」を深め子どもの成長を促す教育学：信頼関係を築きやすい学校組
　　　織・施策とは』ミネルヴァ書房
　　　山田洋一（2010）『発問・説明・指示を超える対話術』さくら社

117

過ごしやすい教室づくりのアクションガイド

　小学校学習指導要領では，教師と子どもの信頼関係，児童相互のよりよい人間関係を育てるために，日頃から学級経営の充実を図ることが強調されています。
　また，そのゴールは以下の2つの機能を発揮して，児童の発達を促すことだとしています。

・ガイダンス機能→主に集団の場面で必要な指導や援助を行うこと
・カウンセリング機能→個々の児童の多様な実態を踏まえ，一人一人が抱える課題に個別に対応した指導を行うこと

　ガイダンス機能とは，個々の子どもたちが，能力や個性を最大限に発揮できるように環境を整えることを指しています。
　つまり，主に集団維持機能への援助のことで，学級経営にひきつけて考えれば，子どもたちの生活について，その目標やルールを確立することとなります。
　むずかしい学級では，いわゆるルールが通用しない状態が，日常化されているわけで，子どもたちにとってはルールを大切にしないことが，習慣化されているとさえ言ってもよいでしょう。
　子どもたちにとっては，もっともむずかしいことで，教師にとっては指導しづらいことです。
　一方カウンセリング機能とは，個人の課題解決のためにする援助・助言のことで，その子がその子らしく生活するために，働きかけることを言います。
　ここは，個別の支援が必要なところで，時間的なコストがかかるところでもあります。
　荒れの程度が重大でなければ，ガイダンス機能を優先して，まずは学級の

第3章　学びやすく過ごしやすい教室づくりへのアプローチ

骨組みをつくり，その後に一人ひとりへのメンテナンスに取りかかるという順序性が，成り立つ場合もあるでしょう。

　しかし，むずかしい学級の場合，多くの子どもたちが前年度の荒れに心を痛め，自尊感情が低くなってしまっていることが，想像できます。

　ですから，「ガイダンスからメンテナンスへ」という順序が，効果的ではない場合が多いのです。

　そこで先にも述べた通り，縦糸を通したければ，その分横糸を太くする必要があります。

　横糸を太くするとはどういうことかといえば，その子と教師との物語を紡ぐということです。

　それには，その子と遊ぶ，その子と話をする，その子のために骨を折るという「その子のために，時間を使うこと」が必要となります。

　そうすることで，その子と教師との個別の物語が生まれるのです。

　本節では，学級経営におけるガイダンスとカウンセリングに関するアクションガイドを，示したいと思います。

学級経営の機能と目的とは？

出典：『小学校学習指導要領』「第1章　総則　第4　児童の発達の支援1 −(1)」より

119

1 まずは,「安全と安定」を感じてもらう

　むずかしい学級の子どもたちは,本来満たされるはずの欲求の多くを制限された状態にあります。

　マズローは,欲求階層説で,人間は自己実現に向かって絶えず成長していく生き物であるという人間観に立ち,人間の欲求を低次から高次の順で下図のように分類しました。

　この考え方で特に重要なのは,上位の欲求は下位の欲求がたとえ部分的にでも満たされたときにはじめて発生すると考えた点でしょう。

　これに従えば,例えば教室での「安全と安定」を一部でも感じられなければ,「所属や愛情」を得にくく,ましてや「承認や自尊心」など,むずかしい学級の子どもたちにおいては,夢のまた夢ということになります。

　むずかしい学級の子どもたちの具体的な姿を思い浮かべると,このことは大変納得のいくところです。

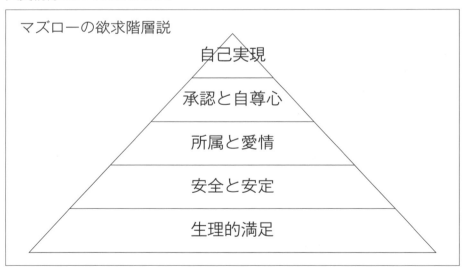

出典:中島義明・子安増生他編（1999）『心理学辞典』有斐閣を参照

第3章 学びやすく過ごしやすい教室づくりへのアプローチ

　前年度に大きな荒れを経験した子どもたちは，基本的に「安全と安心」が欠乏した状態にあります。そのために，様々な防衛機制が作用している状態となっています。子どもたちは，本来のその子の姿を見せないように，分厚い「仮面」をかぶっています。

　例えば，本来やらなければならないことを，やらないことによって，できない自分に傷つくのを防ぐ。

　本来はできるはずなのに，責められるのを避けるために，幼い言動を繰り返して，自分を能力がないように見せる。

　自分のことだけはそつなくこなすが，周りに振り回されたくないので，無関心を装う。

　相手に裏切られたときに傷つかないように，はじめから仲良くならない。あるいは，他者を必要以上に傷つけ，どのような反応をするのか試す。

　自分が弱いことをよく知っているので，徒党を組んで教師や，学級内のグループと闘争状態になる。

　これらは，子どもたちが「どこかおかしい」から，行っているのではありません。ひたすら，自分を守りたいという欲求から起きる，むしろ，人として自然な反応といってよいわけです。ですから，まずすべきは時間をかけてゆっくりと，子どもたちに「安全と安定」を感じてもらうことです。

　もちろん，むずかしい学級の子どもたちと接することは，教師として楽なことではありません。

　どんなに，教師が子どもたちにコストをかけても，その成果が見た目にはわかりにくいからです。砂場に水をまくように，自分が教師としてしたことは，見えなくなってしまいます。更には，その成果があらわれるまでには，膨大な時間がかかります。卒業式の前日まで，多くのトラブルが起きるかもしれません。

　それくらい，「安全と安定」が，子どもたちに不足していたということでしょう。

121

2 「安全と安定」を生む学級目標づくり

　教室に「安全と安定」を生む学級目標とは，どのようにつくったらよいのでしょうか。
　ポイントは2つです。

> ① 全員の意見を取り入れて学級目標を決める。
> ② できるだけ，「向社会的目標」を強調する。

　「① 全員の意見を取り入れて学級目標を決める」場合，学級運営には，どのような影響があるのでしょうか。
　二田孝（2016）は，目標にクラスみんなの意見や希望が入っている場合，それがなかったり一方的に与えられたりした場合と比べて，発言する児童の偏りが少なかった，ということを明らかにしています。
　この研究は，学級目標づくりのプロセスにおける個々人の関わり方が，その後の子どもたちのふるまいに影響を与えるということを示唆するものでしょう。
　誰かが決め，与えられる目標よりも，自分で意見を言い，みんなで決めた目標の方が，その後深くコミットできるというのは，納得できるところです。
　もちろん，むずかしい学級において全員の意見を引き出し，まとめるということは，とてもむずかしいことのように思えます。
　しかし，むずかしい学級であればあるほど，何らかの形で全員の考えを反映した目標にした方が，その後の活動において成果が期待できるということです。
　また，藤原寿幸（2023）は，学級目標を全員で丁寧に決め，定期的に達成度を確認したり，次への作戦を考えさせたりすることで，学級目標が形骸化されず，機能して，Grit（やりぬく力）が育成されることを明らかにしています。
　学級目標をみんなで決めた上で，行事に向かうときなどには，「学級目標

第3章 学びやすく過ごしやすい教室づくりへのアプローチ

を達成するために，この行事で私たちが目指すべきゴールって，どんな姿だろうね」と，毎回問いかけるようにします。

そこから学級目標達成のための下位目標を作成します。例えば，「友だちのよいところを，練習のときに伝え合う」「練習で困っている人がいたときは，助ける」といったものになるでしょう。

最後に，行事が終了したら，「さて，私たちのクラスは，事前につくった目標にどれくらい近づいたかな？」と問いかけ，振り返りを促すわけです。こうすることで，子どもたちのあきらめずに学級目標に近づこうとする姿を，期待することができるでしょう。

一方，「② できるだけ，『向社会的目標』を強調する」必要は，なぜあるのでしょうか。「向社会的目標」とは，相手を助けること，相手を尊重し受け入れること，協力，慰めや寛大さを求める目標のことです。

大谷和大ら（2016）は，学級目標には，「向社会的目標構造」と「規範遵守目標構造」があるとし，「向社会的目標」が強調される学級では児童間の学業面に関する交流が多く，その結果，「学習が楽しくなったり」「学習に自信がもてるようになったり」することが考えられるとしています。

学級目標を決める際には，はじめに教員が「願い」として，こうした「思いやりのある行動」「他者と，多く関わり合おうとする姿勢」を大切に考えているということを，強調して伝えることが大切です。

「当たり前のことでしょう」と感じるかもしれませんが，むずかしい学級では，それが当たり前ではないのです。

出典：二田孝（2016）「学級目標と個人目標の設定はなぜ必要なのか―適切な設定と活用に向けて―」『道徳と特別活動　5月号』文渓堂
　　　藤原寿幸（2023）「学級目標を基盤とした R-PDCA サイクルによる学級づくりが小学生の Grit（やりぬく力）に与える影響」『日本教育心理学会第65回総会発表論文集』
　　　大谷和大・岡田涼・中谷素之・伊藤崇達（2016）「学級における社会的目標構造と学習動機づけの関連―友人との相互学習を媒介したモデルの検討―」『教育心理学研究』64，pp.477-491

3 「規範遵守目標」を提示するときには注意する

　さて,「向社会的目標」とともに, 学級目標としてよく掲げられる事柄に,「規範遵守目標」があります。

　これは, 集団の秩序を守るために決められている事柄のことです。例えば,「時間を守る」「人に迷惑をかけないようにする」「自分の仕事は責任をもってやり遂げる」などのことです。

　この目標について, 大変興味深い研究があります。大谷和大・山村麻予 (2017) は, 学級内における規範の過度の強調は, 子どもたちの反発を招くことで学級経営をかえって悪化させる可能性があることを指摘しています。

　例えば,「ルールは絶対!」や「自分たちで決めた目標なのだから守りなさい!」というようなしつこく, 一方的な指導は, ルールを守れるような子どもたちに育てるどころか, かえって学級の状況を, 悪くする可能性があるというのです。

　その原因として考えられることの一つは,「なぜ守らなければならないのか」ということが, 説明されないという提示の問題があると言います。

　また, 向社会的目標は達成すると賞賛の対象となり, 規範遵守目標は, 逸脱した場合, 非難の対象となるものであるとも説明しています。

　つまり, 規範遵守目標が強調され過ぎる教室では,「きまりを守れる子」と「きまりを守れない子」の分断が起きやすく, 教室内に受容的態度や, 児童相互の支持的な風土が育ちにくくなるということでしょう。

　担任が, しつこくルールの逸脱について指導する。「守れる子」が,「守れない子」を,「小さな先生」となって注意する。

　確かに, どこかの教室で見られそうな「風景」です。

　学級目標に「規範遵守目標構造」を取り入れること自体が, いけないわけではありません。集団生活にルールは必要なのです。

　しかし, それを学級目標として掲げる際には,「なぜ, それを守る必要があるのか」を子どもたちが共通理解している必要があるということでしょう。

第3章　学びやすく過ごしやすい教室づくりへのアプローチ

　このことから言える，学級目標をつくる際の3つ目のポイントは，次のようになるでしょう。

> ③　「規範遵守目標構造」を目標に取り入れるときには，「なぜ，守る必要があるのか」を検討，共有する。

　学級目標をつくる際には，「丁寧さ」が求められます。丁寧さとは，多くの子どもたちの意見を取り入れるということ，「なぜ，その目標が大切で，守る必要のあることなのか」を，共有することに時間をかけるということなのです。

　具体的には，子どもたちが学級目標や「今日のめあて」などに，「規範遵守目標構造」を入れたいと言ってきたときに，「それは，なぜ必要？」「それがないと，クラスはどうなってしまいそう？」と，問い返すことが必要となるということです。

出典：大谷和大・山村麻予（2017）「学級の社会的目標の提示が心理的リアクタンスと目標の共有に及ぼす影響」『心理学研究』88，pp.499-503

125

4 規律遵守学級をつくる教師の在り方とは？

　教室には，学級目標や「今日のめあて」などの見える規律。また，教師が，主に口頭で繰り返し指導しているルールやマナーなどの不文律があります。

　むずかしい学級では，それらが守られていないという場合が，多くあります。

　規律の指導に当たって，学級目標で掲げられた事柄などを下位目標に落とし込んで，子どもたちの望ましい行動を引き出すという手法については，既にいくつもの実践があります。（松山康成，2023など）

　それらを学級経営の基調にしつつ，ここでは規律をよく守っているクラスの担任のパーソナリティーについて考えてみましょう。

　さて，規律をよく守っているクラスの担任教師のイメージとは，どんなものでしょうか。「強面」「厳しい」「声が大きい」……などを，挙げられる方が多いのではないでしょうか。

　確かに，そうしたパーソナリティーをもった担任も少なくないでしょう。

　しかし，三島美砂・宇野宏幸（2004）によれば，規律をよく守っている学級の子どもの意識について，「規律」との関連を示したのは，1学期間の分析における教師の「受容・親近」という項目だったそうです。そこから，「規律」を醸成させるために，教師が「怖さ」や「たくましさ」を示すことは，効果的な指導態度ではないと，結論づけています。

　つまり，「規律」がよく醸成されたクラスでは，多くの子どもたちが，「私は，先生に受け入れられている」「先生と私は仲がよい」という意識をもっていると言えるということです。

　ごく簡単に言ってしまえば，子どもたちは，担任との良好な人間関係があれば，教師が「強い指導」をしなくても，「きまりを守らなくっちゃ」と思っているということでしょう。

　前述したように，縦糸を通すためには，その分横糸を太くすることが必要だと私が主張する根拠は，このようなところにもあります。

第3章　学びやすく過ごしやすい教室づくりへのアプローチ

　しかし，親しみがあればよいからと言って，子どもたちとおしゃべりをし，たくさん遊んでいればよいかといえば，それだけでは当然足りません。

　この点について，渡辺弥生（2011）は，興味深い研究を行っています。「権威の認知発達段階」を6つのステージに分けるという心理学者のデーモンの主張を支持した上で，3年生（9，10才）から，ある変化が現れると言います。

　それは，3年生以前では権威に対して，「従うかどうかは，相互性，互恵性に基づく」のに対して，3年生からは「従うかどうかはリーダーシップの能力が期待されるかどうか，あるいは，皆の至福や権利が考えられているかによる」ようになるという変化です。低学年までは「先生が自分個人に対して，どのように関わり，何をしてくれたか」が重視され，中学年以降は「学級全体に対するリーダーとしての指導性の優劣」が重視されるということです。学級経営上，示される教師のリーダーシップも，やはり重要なのです。

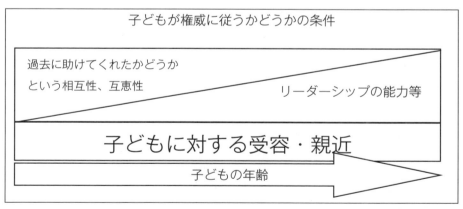

出典：松山康成（2023）『学校・学級が変わる！はじめてのポジティブ行動支援：子どもと先生の笑顔が輝くアプローチ』明治図書
　　　三島美砂・宇野宏幸（2004）「学級雰囲気に及ぼす教師の影響力」『教育心理学研究』52, pp.414-425
　　　渡辺弥生（2011）『子どもの「10歳の壁」とは何か？：乗りこえるための発達心理学』光文社新書

5　心理的安全をリードする

　前節において，規律を守る学級をつくる教師は，中学年以降において特に担任としてのリーダーシップが試されるということを書きました。そのリーダーシップとは，目標に向かって子どもたちを叱咤激励するということではありません。子どもたちの集団生活における不安やリスクを，できるだけ取り除くということが，教師に必要，かつ重要なリーダーシップの中身です。

　では，子どもたちは学級という集団においてどのような不安やリスクを感じているのでしょうか。企業経営文脈ではありますが，エイミー・C・エドモンドソン（2014）は，職場における対人リスクとして以下の4つを上げています。

・無知だと思われる不安
・無能だと思われる不安
・ネガティブだと思われる不安
・邪魔をする人だと思われる不安

　これらは，教室における文脈でも，とても納得のいくところでしょう。エイミー・C・エドモンドソンは，これらを払拭するために必要な，「心理的安全」を高めるためのリーダーシップ行動を，8点にわたって提案しています。それらを参照しながら，教師のリーダーシップ行動を提案しようと思います。

【直接話のできる，親しみやすい人になる】
　▶学期に一度は，静かな部屋で，一人ひとりの話を聞く機会をもつ。
【現在持っている知識の限界を認める】
　▶「わからないから教えてくれる？」「いやあ，この意見は先生も勉強になったよ」「先生も思いつかないような意見が出てきたぞ」を口癖にする。

第3章　学びやすく過ごしやすい教室づくりへのアプローチ

【自分も間違うことを積極的に示す】

▶「先生ね，昨日大失敗しちゃって……」と，時折，失敗自慢をする。

【参加を促す】

▶「○○さんの意見が知りたいな」「○○さんは，いつもこういうときに，大切なことを言ってくれるからな」という表現を多用する。

【失敗は学習する機会であることを強調する】

▶「今，間違えたらテストで間違わないよ」「間違いは，百万回してもいいよ。百万一回目で，間違わなかったら，それは成功」「間違うために学校に来ているんだよ。間違わないなら，家にいればいい」「君の間違いがあったから，みんながこんなに深く学べたね」などを口癖にする。

【具体的な言葉を使う】

▶指示を短く明確にする。すべきことを，「いつまでに」「どの程度するのか」を明確に指示する。

【境界を設ける】

▶期待される望ましい姿を，数値や図などで，具体的に示し，掲示などする。

【境界を越えたことについてメンバーに責任を負わせる】

▶みんなで決めたルールが守られなかった場合は，「どのようなことが起きたか」を確認し，「それが，なぜいけないか」を明確に説明した上で，あきらめず支援し続ける。その際，「先生の説明が，悪かったね」と，自分の責任についても言及する。間違いがあれば，子どもに謝罪する。

※註：「▶」以下が，筆者の提案。

出典：エイミー・C・エドモンドソン著，野津智子訳（2014）『チームが機能するとはどういうことか：「学習力」と「実行力」を高める実践アプローチ』英治出版

6 再び，愛のある言葉かけ

　川上康則（2022）は「指導の本質は，『どういうアプローチで迫るか』ではなく，『子どもたちをどのような風で包むか』という教師のふるまいです」と述べ，包摂型教師になることを提唱しています。

　ここでいう「教師のふるまい」とは，もちろん非言語的アプローチもあるでしょうが，教師という職務の内容から考えれば，その言葉にもっともあらわれるものでしょう。どのような言葉を使うか。このことが，教室の風の質を決めるのだと，私は考えています。

　さて，私は子どもたちに愛のある言葉をかけることを提唱しています。（山田，2024）

　むずかしい学級において，愛のある言葉かけをすることは，むずかしいことですが，ここでは言葉かけをするまでの段階を，教室における実際の場面に沿って説明します。

　愛のある言葉かけは，次の４つのフェーズから生み出されます。

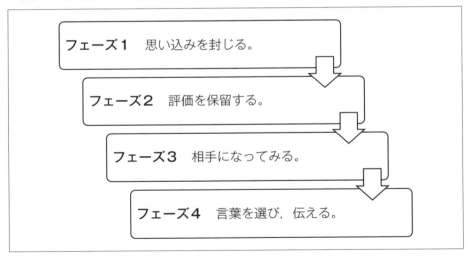

出典：山田洋一（2024）『クラスを支える愛のある言葉かけ』明治図書，p.23より引用

第3章　学びやすく過ごしやすい教室づくりへのアプローチ

　いつもやんちゃで，ときどき，物を乱暴に扱うＡくん。ある子が休み時間，教室に飛び込んでくるなり，「先生，Ａくんが，理科室にある花瓶を割りました！」と叫びました。

　こんな，場面を思い浮かべてみましょう。

【フェーズ１　思い込みを封じる。】

　あなたは，とっさにどう思うでしょうか。「また，Ａくんか。きっと，ふざけていて，ぶつかって花瓶を床に落として割ったに違いない。そして，反省もせず，片付けもせず，理科室にいるに違いない」こんなふうにあなたは思うでしょうか。

　こうして，自動的に降ってくる思考を，人は止めることはできません。しかし，こうした考えをもって子どもと向き合ったときに，取り返しのつかない，そして何の解決にもならない言葉を，教師はかけてしまうものです。ですから，こうした思考が「降りて」来るのは仕方ありませんが，たとえ降りてきたとしても，いったん忘れ，偏らない気持ちでその場に向かいます。

【フェーズ２　評価を保留する。】

　「思い込みを封じる」と同時に，子どもや子どもの行為に対する評価を保留しましょう。

　「花瓶を割るのは悪いこと」「割ったことは悪いから謝罪させなければ」というような評価を保留するのです。

【フェーズ３　相手になってみる。】

　この段階が，もっとも難しいです。なぜ，むずかしいかといえば，「相手になってみる」と言いながら，人は自分の頭の中から，その状況における自分の感じ方，考え方を取り出してしまうからです。

　「相手になってみる」と言いながら，その実「私だったらこう思う」「ふつうは，こうでしょ」「これが当たり前でしょ」「こう思うべきでしょ」「こうすべきでしょ」というように考えてしまうものなのです。

131

解決に至らない思考法

「私だったらこう思う」
「ふつうは、こうでしょ」
「これが当たり前でしょ」
「こう思うべきでしょ」
「こうすべきでしょ」

相手を理解しようとしているようでいて、自分の脳の引き出しから、相手の認知や心情を取り出している。

　そこで、リアルに「その場に相手になった自分を置いて」みましょう。
　「私が理科室に入ってきた。肘が当たって、教卓に置いてあった花瓶を落としてしまった。粉々になって、もう修復は不能だ」……さて、あなたは？
　「うわあ、やっちゃった！」「気を付けて入れば、よかった！」「誰のだろう、謝らなくっちゃ」「怒られるかな、怖いよ」……こうしたところでしょうか。

【フェーズ4　言葉を選び，伝える。】

　「フェーズ3」で、真に「相手になってみる」ことができたら、そのときの気持ちを、そのまま相手に伝えてみましょう。
　「びっくりしたよねえ」
　「『どうしたらいいのかなあ』ってパニックになるよね」
　こうした言葉をかけられれば、この言葉こそ、愛のある言葉です。
　子どもはほっとして、謝罪の言葉を述べるかもしれませんし、どう処理をすればよいのかアドバイスを求めてくれるかもしれません。
　それに対して、あなたは静かに対応すればよいのです。
　ところが、教師はこうした言葉かけができないことが多いのです。

第3章　学びやすく過ごしやすい教室づくりへのアプローチ

　それは，教師の職責に関わる自身のゆがんだ認知が，あるのではないかと私は思うのです。

　それは，次のようなものです。

> 教師なのだから，何かを教えなければならない。

　これ自体は正しいのです。

　例えば，先の例で言えば，子どもが謝罪の言葉をいつまでも発しないときなどには，「こういうときは，『大切なものを，壊してしまってごめんなさい』と言うのよ」と，静かに教えてあげればいいのです。

　ところが，教師は「教えるときには，きつく言わなければ子どもはわからないし，強く叱らないと，不適切な行動は止められないのだ」と，いつの間にか思い込んでしまっているのです。

　まずは，このような思い込みをやめて，愛のある言葉を続けてみましょう。

　子どもはぐんと落ち着いてきますし，あなたに甘えてくるようになるし，何より本当のその子の姿を見せ始めるようになります。

　　　　　　　　　　　＊　　　　　　　　　　　　　　　　＊

〔エピソード1〕

　いつも，乱暴なふるまいが多い，その子。休み時間後に，始業のチャイムに間に合わず，教室に入っていないことが多い。

　ある日の休み時間の後，空き教室にその子はいた。

　「チャイムが鳴るまでに，教室に入っているように，何回も言っているだろう！」という言葉と，考えにグッとふたをする。

　「何か考えがあって，ここにいるんでしょう？」

　こくりと頷く，子ども。顔には涙の跡がある。

　「悔しいことがあったのかな？」

　「そう」と，小さく答える。

　「ひょっとして，このまま教室に行ったら，イライラして誰かに迷惑かけそう？」

133

再び頷く，その子。

「なるほど，よく我慢して，ここに来たね。落ち着いたら教室に来られそう？」

「うん，できる」

              *   *

〔エピソード2〕

休み時間，廊下で取っ組み合いをしている2人の子ども。

そのうち，一人は，泣いている。その子を，仲のよい子に預け，泣いていない方を相談室に連れていく。

座ると同時に，「君が，そんなに真っ赤になって怒るんだから，きっと暴力を振るわなくちゃいけないくらいの，大きな理由があるに違いないよね。もし，よかったら教えてくれる？」と言葉をかける。

「あいつ，俺の絵を馬鹿にしてさ」

「ええ！　あの一生懸命取り組んでいた絵をかい？」

「うん，それで，殴った」

「そりゃあ，そうだよ。あんなに一生懸命努力して完成させた絵のことを言われたら，先生だって殴っているよ。まだ，足りないくらいだったんじゃないのか」

「うん……でも，鼻血出ていたから，やめてやった」

「そうかあ，よくそこまでで，やめられたねえ。先生だったら，無理だなあ」

「それで，これからどうしようか？」

「……謝る」

「ええ！　謝るの？　いいんじゃないのか，だって相手が悪いんだから」

「いや，だって，手出したのぼくだから……」

出典：川上康則（2022）『教室マルトリートメント』東洋館出版社

第3章　学びやすく過ごしやすい教室づくりへのアプローチ

7　いじめが起きにくい学級をつくる

いじめの要因について，文部科学省（2022）は，以下のように分析しています。

> ①　心理的ストレス（過度のストレスを集団内の弱い者への攻撃によって解消しようとする）
> ②　集団内の異質な者への嫌悪感情（凝集性が過度に高まった学級集団などにおいて，基準から外れた者に対して嫌悪感や排除意識が向けられる）
> ③　ねたみや嫉妬感情
> ④　遊び感覚やふざけ意識
> ⑤　いじめの被害者となることへの回避感情

実は，この5つの項目すべてに効果のあるとっておきの方法があります。

それは，ずばり「雑談」です。

これは，すでに第2章2-9（p.90）において「雑談から始める」として，その具体的な方法を述べてあります。

この「雑談」の効果は絶大です。

①のストレスは，人に話すことによってある程度軽減されます。「話すこと」は，苦しみを「放す」ことになるのです。

②の異質なものへの排除指向というのは，結局，自分とは違うものへの恐怖や不安が起因するものです。

自分とは異質かもしれないものが，そばにいるとき，人はわからないものへの恐怖を感じるものです。これを，人は止めることができません。

しかし，相手のことが少しでもわかれば，そうした排除指向は薄まっていきます。「わからないから怖い。だったらわかればいい」というわけです。

これに雑談は，もってこいです。

③の「ねたみや嫉妬感情」も，人には止めにくいものです。私にもあなた

135

にも，誰にでもあるものです。しかし，これも話すことで，「あの人のことをうらやましく思っていたけど，あの人も困っているし，悩んでいることもあるのね」と思えば，嫉妬感情も薄まります。

　④⑤については，本来，親和的な関係性においては，遊び的ないじめ行為は起きにくいものです。仮に起きたとしても，周囲が「やめとけよ」と止めてくれます。また，被害者になることを回避することも，いじめ自体が教室に存在していなければ，そもそも心配する必要のないことです。

　このように，いじめの５つの要因すべてに効果がある「雑談」ですが，もちろん万能ではありませんし，効果が表れるまでに時間がかかることでもあります。

　そこで，座席替えを２週間おきにするなど，高い頻度で行うようにします。

　どうしても，わかり合えない。どうしても，親しみを感じない相手という相手が，存在することは，どの子にとっても当然のことです。

　そうした子ども同士が，隣同士になったとしても，なんとか耐えられる期間が２週間だと，私は考えています。また，様々な子どもたちとの雑談の回数を増やすという意味でも，この席替えの間隔を短くするというのはよいことだと言えます。

　最後に，もう一つ「雑談」の効能を挙げておきます。奥原俊・伊藤孝行（2017）によれば，雑談が問題解決型議論に与える影響について調査したところ，雑談の割合が高いグループは，雑談の割合が低いグループと比べて，より合意した結果に対する満足度が高いという傾向があることがわかったと言います。

　「雑談」には，生徒指導上の効果ばかりではなく，学習場面における合意形成や行事等における「相談」場面においても効果があるというわけです。

出典：文部科学省（2022）『生徒指導提要（改訂版）』
　　　奥原俊・伊藤孝行（2017）「雑談が問題解決型の議論に与える影響とその効果に関する研究」『人工知能学会全国大会論文集第31回』

第3章　学びやすく過ごしやすい教室づくりへのアプローチ

8　行事指導は隅へと視線を注ぐ

　行事指導の前後で，子どもたちは荒れると言います。特に，「むずかしい学級」では，それは顕著です。なぜ，荒れるのでしょうか。それは次のような理由からだと考えられます。

① 　急な日課の変更が頻繁である。
② 　見通しのもてない練習が続く場合が多い。
③ 　「そろえること」「まとまること」に対する「指導の圧」が強まる。
④ 　得手，不得手がはっきりとした行事の場合，苦手な子がストレスを感じやすい。

　それぞれについて，予防となる手立てを書いていきます。
　①行事練習期間は，当初の計画通り，練習を進めるようにします。完成度が今ひとつだから，もう1時間練習を増やすなどの措置は絶対に取らないようにします。
　②一単位時間の練習内容は，朝のうちに知らせ，当該時間も板書などで何を何分くらい，どの順で行うのかを明示しておくようにします。
　③大きな声で指導すること，責め立てるような言い回し，また，「ヘタ」「そろってない」など未熟さを断定するような言葉を使わないようにします。
　教師による評価を中心に指導を行うのではなく，「今の自分たちの姿で『よくしたい』と思う点はどんな点かな？」などの表現で，改善点に子どもたちが，自ら気付けるようにしていきます。
　その上で，子どもたちが表現や競技に取り組むようにし，到達点ではなく，変容に注目して評価を行うようにします。
　例えば，「さっきと比べて，□□がよくなったよ」「自分たちでもよくなったと思うでしょう？」「△△の点が，もっと○○になれば，更にいいと思うよ」という表現を使うようにします。
　④得意な子どもたちばかりが取り上げられて，評価されることが多くなり

137

ます。「全員が同じようにできたら，おかしいんだよ」「人はそれぞれ違うから，でき方もバラバラなんだよ」と，前提として「みんな違う」ということを強調するようにします。

また下のような図を書いて，子どもたちに次のように話します。

「結果だけを見ると，左の２人が優れているような気がするかもしれないけれど，よく見ると４人とも，努力したり，成長したりした量は同じなんだよね。何か，左の２人が上手だから目立つことが多いけれど，右の２人だって，なかなかがんばっているわけだね。先生も，右の２人みたいな人たちを，見逃さないようにするから，みんなも右側のような人を，できるだけたくさん見つけてほしいんだ。ほら，そうすると，この行事が苦手だけど，がんばっている人が見えてくるじゃない？　そういうクラスって，いいと思わない？」

こんなふうに語るようにします。大きく期待され，目立ち，成長する子どもたちがいる一方で，傷つく子どもたちが多くいることも，行事指導の現実です。目立たない隅へと視線を注ぎ，子どもたちにも，様々な人がいることに気付いてもらえるチャンスとしたいところです。

行事指導時期の語り

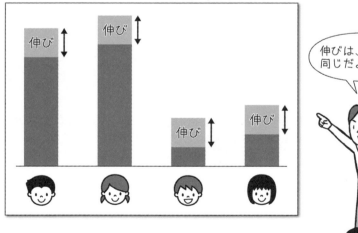

138

第3章 学びやすく過ごしやすい教室づくりへのアプローチ

9 保護者対応には2つのポイントがある

「むずかしい学級」には、「むずかしい保護者」がいます。

もちろん前年度の担任から、「むずかしい保護者だから気を付けて」と言われるような保護者であっても、子どものことを第一に考えて、率直に要望をしているという保護者である場合も、少なくありません。

しかし、中には理屈が通じない、どう考えても保護者の言っていることの方に無理があるという場合もあります。

そうした場合、基本的には管理職とともに対応するということが、常道と言えます。

しかし、担任が直接対応しなくてはならないという場合も、少なくないでしょう。特に、初期対応ではそうです。

そうした際のポイントは、次のようなことです。

> ① 対応のまずさに対する指摘は、しっかりと認め、謝罪をする。
> ② 無理な対応や改善要求は、受け入れない。

この2点について、詳しく説明していきます。

①初期段階では、相手が指摘する学校側・担任側の対応のまずさについては、基本的に認め・謝罪をします。

「おっしゃる通りです」「配慮が足りませんでした」「申し訳ございません」「教えてくださって、ありがとうございました」を連ねていきます。

確かに、腹も立つでしょうし、こちら側にも仕方のない事情やそうなってしまった理由はあるものです。

しかし、それを「ですが、こうした事情がありまして～」などと話し始めると、かえって相手は怒り、更にあなたの手を煩わせることになります。

ただ、この段階でのこちら側の「心もち」が非常にむずかしいです。

本当に「私がすべて悪かった」と思ってしまえば、相手の「責め」にあなたの心がもたなくなってしまいます。

139

しかし，一方で「私は悪くない，この保護者がおかしいのだ」と思ってしまうと，問題は必ずこじれてしまいます。

　あなたの内心の「納得のいかなさ」が，必ず言葉そのものや，言葉のトーンにあらわれてしまうからです。そうしたとき，「むずかしい保護者」は，それに気付き更に「責め」を強めるでしょう。

　そこで，「広い意味で，担任なのだから責任があるにはあった」と思うようにします。その責任を果たせなかったという意味で，確かに「私に非はある」と考えるようにします。しかし，一方で保護者の言っていることすべてが，正しいなんてことは思わなくてよいのです。

　②「むずかしい保護者」の中には，約束を取り付けようとしたり，書面での回答を要求したりする人がいます。

　そういう人には，言質を取られないように十分気を付けます。決して約束はしません。「対応できるかを，学校で検討させていただきます」という程度にとどめておきます。

　もしも，「善処します」「おっしゃるように対応します」などと，言ってしまえば，今度はそれが実現されない場合，いっそう大変な状況に陥ることになります。

　そうしておいて時間を取り，管理職と相談をして，管理職から回答をしてもらうというようにしましょう。

　また，この段階で心が疲弊して，教室での子どもへの接し方に支障が出るようであれば，あなたの状況もしっかりと管理職に伝えるようにします。

　なお，そこまで理不尽なクレームを入れてくる保護者であれば，今までも学校で多くの波風を立ててきたでしょうし，幼児教育においてもそうであったに違いありません。

　決してあなたが悪いわけではないと，周囲も見てくれていますから，必要以上にあなたが自己否定する必要はありません。

おわりに

　「その子」は，教室に入れず，長い時間を廊下で過ごしていました。
　ときどき，クラスメイトと関わり，嫌なことがあると廊下に飛び出していき，学習には，ほとんど参加しませんでした。
　その姿は，「我慢が足りない」，「わがまま」な姿に見えました。
　「その子」が教室に入れないのは，「その子」が教室のみんなを嫌っているからだと思われていました。
　私も，はじめはそう考えていました。しかし，何か違和感がありました。
　そこで，「その子」の話を一時間ほど丁寧に聞き，その後他のすべての子どもたちの話も，漏らさず聞くことにしました。
　「その子」が，一方的に他の子どもたちを憎んでいて，他の子どもたちが迷惑を被っている。どうも，それは違っているようでした。
　中には，前年度，「その子」へのいやがらせをしてしまったと告白する子もいました。
　しかし，それらは「その子」への嫌悪というより，キレるその子への不安と恐怖が起因しているように，私には感じられました。
　また，「いやがらせ」を見ても何もできず，「自分とは，なんと卑怯な人間なんだ」と感じ，傷ついている子どもたちもいました。その子たちの傷も，また深いものであるようでした。
　学級にある問題そのものや，それにまつわる子どもたちの感情のリアルが，一人ずつとの面談で見えてきました。聞いて事情はおよそわかりましたが，抜き差しならない複雑さでした。
　そこで，私は……，悩みましたが解決しようとは思いませんでした。いえ，正直に言うと，自分には解決できないと思いました。

いわゆる「指導」には，まったく意味がないどころか，決定的な溝を子どもたちと私との間に生むようで，とても怖かったのです。

　まずは，「その子」にこう伝えました。

　「○○はさあ，教室に入らないんじゃなくて，苦しくて入れないんだよな。だから，教室に入らなくていい。これから一年，教室に一度も入れなくてもいいからな。がんばる必要はない」

　こう伝えました。

　その子は，シクシクと泣き始めました。

　次に，「その子」との関係が壊れている他の子どもたちには，こう伝えました。

　「『あの子』を，好きにならなくてもいい。仲直りなんかむずかしいと思う。それくらい，君もいやな思いをしてきたんだからな。本当に，つらかったと思う。だから，今のままでいい。でも，お願いが一つあって，それは何か抱えきれないことがあったら，これからは先生に話してほしいってことなんだ。もちろん，解決なんか先生にはできないと思うんだ。でも，聞かせてほしいんだよ。先生にとって，一番いやなことは，君が苦しいと感じていることを，先生が知らないってことなんだ」

　最後に，様々な嫌な場面を見聞きして，苦しんでいる子どもたちにこう伝えました。

　「君が，間違ったことをしている人を今まで止められなかったこと。そして，これからも止められなくても，悪くないからね。先生でも，きっと止められないと思う。そんなの怖くてできないよ。だけど，これからは何か見聞きしたら，そっと教えてほしいんだ。学校で言えなさそうだったら，おうちの人に伝えて，先生に電話してもらってほしいな。君は，十分苦しんだよ。これからは，その苦しさを半分先生に分けてね」

　この年は，こうして学級をスタートさせました。

何度も，何度も危機的な状況になりました。

「問題」は，最後まで解決できませんでした。

「その子」が，少しだけ自分から教室に入って，自席に座るようになったこと。周りの子が，「あいつにも，いいところがあるかもって，思えるようになってきた」と言うようになったこと。

そこで，一年が終わりました。

そして，「その子」もどの子も，保護者もよく我慢してくれ，理解しようとしてくれ，できる範囲で他者を尊重してくれました。楽しいか，苦しいかと言えば，苦しい一年でした。最後まで，手探りの一年でした。しかし，小さな一つひとつのことを喜べる一年でした。

              *   *

どんな教師も，一丸となってまとまっている「素晴らしい学級」をつくり上げることができなくなりました。教師として，経験豊富であることが，決してアドバンテージにはならない時代になりました。

ギリギリの人員で仕事を回し，初任段階教員から，ベテラン教員までが，這いまわりながら日々のタスクを，何とかこなしています。

誰も答えを知りませんし，行先さえわからない時代です。

この時代に生きる教師は，毎年，古い船に乗り，新しい荒れた海に向かう感じをもっているでしょう。その航海の，せめて小さな地図の切れ端にでも，本書がなれば幸せです。

              *   *

この度も，明治図書出版及川誠様にはタイミングのよい励ましをいただきました。ここに記して，お礼とさせていただきます。ありがとうございました。

　　　　　　　激しい雨が窓を打つ日に，長いあとがきを記す　筆者

【著者紹介】

山田　洋一（やまだ　よういち）

1969年北海道札幌市生まれ。北海道教育大学旭川校卒業。北海道教育大学教職大学院修了（教職修士）。2年間私立幼稚園に勤務した後、公立小学校の教員になる。教育サークル「強い風がやむと雨は降り始める」共同代表。日本学級経営学会理事。
ホームページ：https://yarman17.blogspot.com/

主な著書
『小学校初任者研修プログラム：教師力を育てるトレーニング講座30』『山田洋一――エピソードで語る教師力の極意』『子どもの笑顔を取り戻す！「むずかしい学級」リカバリーガイド』『子どもの笑顔を取り戻す！「むずかしい学級」ビルドアップガイド』『クラスを支える愛のある言葉かけ』（以上、明治図書）『人間関係の「ピンチ！」自分で解決マニュアル』（小学館）

学級経営サポートBOOKS
「むずかしい学級」対応マップ

2025年3月初版第1刷刊	ⓒ著　者	山　　田　　洋　　一
	発行者	藤　原　光　政
	発行所	明治図書出版株式会社
		http://www.meijitosho.co.jp
		（企画）及川　誠（校正）安田皓哉・川上　萌
		〒114-0023　東京都北区滝野川7-46-1
		振替00160-5-151318　電話03(5907)6703
		ご注文窓口　電話03(5907)6668
＊検印省略	組版所	株式会社アイデスク

本書の無断コピーは、著作権・出版権にふれます。ご注意ください。

Printed in Japan　　　　　　　　ISBN978-4-18-237321-3
もれなくクーポンがもらえる！読者アンケートはこちらから